青春文庫

ぴったりの言葉が一瞬で見つかる

「言語化」の便利帳

話題の達人倶楽部［編］

JN138493

青春出版社

はじめに――「言語化力」は、結局、使える言葉の数で決まる！

「知人との会話で、言いたいことがあるのに、うまく言葉で表せない」「意見を求められ、ぼんやりしたイメージはあるのに、うまく伝えられない」「面白い作品や楽しい経験について感想を語りたいのに、『カワイイ！』『やばい！』『サイコー！』くらいしか、言葉が出てこない」……というように、自分の思いや考えを「言語化」できないことを残念に思っている人は少なくないと思います。

では、自分の思いや考えを言語化するために、最も必要なことは何でしょうか？

それは、やはり「語彙力」です。言語化が言葉の技術である以上、その力はほぼ使える語彙の数に比例します。

私たちは、語彙力を高めれば、言語化に関する次の三つの「度」を上げることができると考えています。

まずは、言葉の「精度」です。語彙力が増せば、より適切な表現を選べるようになり、それはコミュニケーションの精度を上げ、説明や報告・連絡・相談、意見表明などを円滑にします。

次いで、言葉の「魅力度」がアップします。語彙力があれば、豊かな表現で、人の興味や関心をひきつけることができます。同じ内容の話でも、言い回しやレトリック（修辞法）を駆使して、よりキャッチーに表せるようになるのです。

そして、使える語彙数が増えれば、思考の「熟度」が深まります。人は、頭の中で、言葉を使って考えます。知っている言葉の数が増えれば、しぜん思考言語もより豊富になり、より論理的にも、より幅広くも、考えられるようになるのです。

本書には、そうした言葉の「三つの度」を高め、自らの思いや考えをより適切、そして魅力的に伝えるための語彙を満載しました。「論理性を高める熟語」「感情を上品に表す大和言葉」「人におやっと思わせる言い回し」などを使いこなして、自分の言いたいことを自在に言語化できる人になっていただければ幸いに思います。

2025年3月

話題の達人倶楽部

ぴったりの言葉が一瞬で見つかる「言語化」の便利帳■目次

Step1 そのモヤモヤ、こういうワードで言語化できます 15

Step6

みんななじんだ言葉も、うまく使えば新鮮に聞こえます　195

Step7 レトリックで言語化できれば、一瞬で表現力に磨きがかかります 241

2 「たとえる」技術は、言語化の鍵を握っている 264

DTP■フジマックオフィス

Step1
そのモヤモヤ、
こういうワードで
言語化できます

1 言葉にできるから わかることはいっぱいある

ここにまとめたのは、複雑な要素をはらむなど、なかなか短くは言語化できないことを、短くぴしっと表せる言葉。頭に入れておけば、あなたの説明能力は格段に上がり、またインテリっぽくも思われるはず。

その状況を言葉にしてみよう〈基本〉

□**均衡点**《きんこうてん》……「均衡点」は、釣り合う場所のこと。たとえば、経済学で「需要と供給の均衡点」といえば、価格と数量との関係を表す需要曲線と供給曲線がグラフ上で交わる場所。「負担と給付の均衡点を政府は見つける必要がある」など。

□**予定調和**……予想される陳腐な結末。もとは、ライプニッツの哲学で、「宇宙に秩序があるのは、神によってあらかじめそのように定められているから」とする説。それが、現在の日本ではネガティブな意味に使われている。「新しい言語化を図るためには、まず予定調和を裏切らなければならない」など。

□**射程《しゃてい》が長い**……一般には、銃弾が届く距離が長いことだが、比喩的には「遠く先まで見据えている」という意味で使われる。「射程を長くとった小説」「射程を長く見据えた経営計画」など。

□**最適解《さいてきかい》を求める**……最もふさわしい答えを探すこと。単に「答えを探す」というよりも、「考えに考えて、最上の答えを探し求める」というニュアンスが込められる言葉。「私たちは、困難を乗り越え、最適解を求めていかなければならない」など。

□**多面体《ためんたい》**……四つ以上の平面からなる物体。転じて、いろいろな面をもち、いろいろな見方ができるものに対して用いる。「アメリカという多面体の国」「○○という多面体的な人物」などが、よく見かける使い方。

□**補助線**《ほじょせん》……幾何学の証明問題を解くとき、図形の中に引くことで解答を導きだせる線。そこから、比喩的に「問題を解決するために役立つ、新しい視点、事柄」といった意味に使われる。「日韓関係を『恨《ハン》』という言葉を補助線にして考えてみる」など。

□**自明**《じめい》**の理**《り》……わかりきっていること。説明するまでもないこと。「それ自身で、すでに明らかな論理」という意味。「今、迅速な改革が必要なのは自明の理だと思います」など。

□**駆動因**《くどういん》……動力のもと。比喩的には「世界史の駆動因」「資本主義の駆動因」など、大きな物事を動かすものという意味で使われる。その一方、個人的動機という意味で使われる場合もあり、「この作品制作の駆動因となったものは何か」などと用いる。

その状況を言葉にしてみよう〈ハイレベル〉

□**悪魔の選択**……どちらの選択肢を選んでも、ひどい状況になるような選択。あるいは、そうした選択を強いられるような最悪の局面。「悪魔の選択を迫られる」など。もとは、イギリスの諜報機関で使われていた言葉とみられ、フレデリック・フォーサイスの謀略小説のタイトルでもある。

□**悪魔の証明**……「存在しない」ことを証明することの難しさを表す言葉。ローマ法で、所有権の帰属の証明の難しさがこの言葉にたとえられた。「不倫関係になかったことを証明するのは、悪魔の証明のようなものだ」など。

□**最適点**……最も適したゴール。「最適点に達する」「最適点を模索する」など。前述の「最適解」も似たような使い方ができ、「最適解とはいえないにしても、間違いではないでしょう」などと用いる。

□**黄金律**《おうごんりつ》……もとは、聖書にあるキリスト教の基本倫理となるイエスの言葉を指す。それが、日本語では、最高原理、金科玉条という意味で使われ、「平和主義は、戦後日本の黄金律」などと用いる。

□**主旋律**《しゅせんりつ》……本来は、その曲の中で中心となるメロディ。歌ならメインボーカルが歌う部分で、ハモリ部分は副旋律。文芸作品や評論などで、作者が最もいいたい事柄、主題に対し使うことも。「○○を主旋律にして物語を組み立てる」など。

□**疑似問題**……そもそも、答えが存在しない問い。設問自体が間違っていたりして、もともと検証できないため、答えを出せない問題。「疑似命題」も同じ意味。「それは疑似問題であって、考えるに値しない」など。

□**現実の厚み**……「厚み」は簡単な言葉ながら、うまく使うと、含蓄がありそうな表現をつくることができる。「現実の厚みの前に立ちすくむ」「人間としての厚みが足りない」「人生の厚みを感じる」のように。

何をすること？

□**同調圧力**《どうちょうあつりょく》……多数派が少数派に対して、同調するように暗黙裡《あんもくり》にかけるプレッシャー。何かと空気を読むことが必要な日本社会は、ことさらに同調圧力が高いといわれる。「同調圧力に抗しきれない」など。

□**比較考量**《ひかくこうりょう》……見比べながら、判断すること。「考量」は、考え、判断するという意味。「複数の提案を比較考量して、最終的にこのプランに決めた」「どちらの候補者に投票すべきか、比較考量する」など。「比べる」「考える」を重々しくいうための言葉。

□**逆照射**《ぎゃくしょうしゃ》……あるものを通常とは反対の方向から照らしだすこと。「優れた小説は、現実を逆照射する」など。

□**世界史的経験**……世界史に記録されるような大事件を経験すること。ある出来事がきわめて大きな経験であると、アピールするときに用いる言葉。「○○という世界史的経験を経て」などと使う。

□**理論武装**《りろんぶそう》……自分の考えを他者から否定・軽視されないよう、理論付けすること。「上司を説得するには理論武装が必要だ」「それで、理論武装できたと思っているのかね」など。

□**希望的観測**……自分に都合のよい未来図を描くこと。われながら、甘いと思う見通しを語るときには、「希望的観測になりますが」と前置きするもの。一方、相手の甘すぎる見通しを批判するときには、「希望的観測にすぎるのでは」と指摘する。

□**可視化**《かしか》……目に見えるようにすること。「可視化されていない問題点」「消費者ニーズを可視化する」などと使う。また、仕事では、グラフや表にすることを意味する場合があり、「売り上げ動向を可視化する」といえば、グラフ化して誰の目にもわかりやすくすること。

□追体験《ついたいけん》……他人の経験を自分の体験のようにとらえること。おおむね、小説や伝記などを読み、その主人公の経験をたどるという文脈で使われることが多い。「先人の苦労を追体験する」「1920年代を追体験できる物語」など。

どんな関係？

□善悪二元論《ぜんあくにげんろん》……世の中を「善」と「悪」の二つに分ける考え方。「彼は物事を善悪二元論でしか考えていない」などと、「幼稚な考え」「単純な考え」の代名詞としても使われている。

□二律背反《にりつはいはん》……論理学用語で、本来は、両立しえない両者が両立している状態。

一般には多少違う意味に使われ、代表例は平重盛《しげもり》の言葉、「忠ならんとすれば孝ならず、孝ならんとすれば忠ならず」。平たくいえば、「あちらを立てればこちらが立たず」の関係。

□**相補関係**《そうほかんけい》……互いの欠けた部分を補い合う関係。「相性が悪い」というと、ネガティブな印象だが、「今後、相補関係を築ける可能性がある」といえば、今は「相いれない」現状をポジティブに表現できる。

□**二重写し**……映画やテレビなどで、ある画面の上に別の画面を重ねて映す技法。転じて、あるものと別のものが、重なって見えることのたとえ。現在の何事かと過去の何事かが二重写しになるのが、よくある比喩としての使い方。

□**仮想敵**《かそうてき》……計画を立てるうえで、想定しておく敵。「冷戦時代、日本の仮想敵国はソ連だった」「よい論文を書くコツは、仮想敵をつくり、その人が反論できないような文章を考えることだ」など。

□**遠心力**《えんしんりょく》……円運動をしている物体が受ける力。中心から外側に向かって働く力であるため、比喩的に、中心人物の力が弱まり、人々が遠ざかるさまの形容に使われる。対義語は「求心力」で、「首相の求心力が弱まり、遠心力が働きはじめている」などと使う。

□**不義**《ふぎ》**の関係**……人としての道に外れた関係。通常は、男女関係について使い、「夫が職場の同僚の女性と不義の関係を結んだ」などと用いる。論説文などでは、「大国同士が不義の関係を結ぶ」など、本来結びつくことのないもの同士が結びつくことにも使われている。

□**反面教師**……悪い見本として、参考になる人や物事。要するに、「そうはなりたくない」と思わせるような人。「私の周囲には反面教師しかいなかった」「口先だけの上司を反面教師にする」など。「○○を反面教師にして」という言い方もよく使われる。

□**界面**《かいめん》……二つのものが接触している面。つまりは境界面のことだが、「文化の界面」などというと、「文化の境界面」というよりも、高尚に聞こえるから不思議。

□**二極分化**……中間層が減り、両極端に分かれる現象。昨今は、貧富の差や都市と地方など、多数の社会現象で「二極分化が進んでいる」と結論付けられることが多い。「二極化」と同じ意味だが、「二極分化」といったほうが、まだ手垢のついていない感がある。

□**相乗効果**《そうじょうこうか》……二つ以上のことがうまく噛み合い、大きな結果がもたらされること。「ジョイントすれば、相乗効果が期待できると思うんですよ」など。

□**巨人の肩の上**……先人の業績を土台にして、新たな発見をするという意味。万有引力を発見したニュートンが、ロバート・フック（「フックの法則」の発見者）宛の手紙で、「私が彼方を見渡せたとしたら、それは巨人の肩の上に乗っていたからです」と書いた一節から有名になった言葉。ただし、ニュートン・オリジナルの言葉ではなく、それ以前から用いられていたフレーズとみられる。

ネガティブな言葉を高尚に見せかけるコツ

□**喪失感**……大切な人や物を失ったときに感じる悲痛な感情。「心に穴が空いたような気持ち」と、ほぼ同じ意味。評論文では、「時代の喪失感」「戦後社会の喪失感」など、大きな目標を失った時代の空しい感覚を表すときによく使われる。

□**反対給付**《はんたいきゅうふ》……本来の意味は、契約などにおいて、一方への給付と同じ価値を持つ、他方への給付のこと。ところが、しばしばリベートや賄賂《わいろ》に近い意味で使われる。「契約の延長を申し出たところ、暗に反対給付を求められた」など。

□**既視感**《きしかん》……一度も見たことがない光景のはずなのに、見たことがあるように思う感覚。「デジャブ」。評論文では、過去の不祥事と似たような事件が起きたときに、「既視感のある光景が広がっている」などと皮肉る。

□**劣化《れっか》コピー**……複写機でコピーを重ねると、質が劣化していく。そこから、二番煎じの商品や模造品を指す。「アイドルBは、アイドルAの劣化コピーだ」「今度の新曲は、かつて自分が作った曲の劣化コピーに過ぎない」などと、侮蔑的に用いる言葉。

□**多年《たねん》の弊《へい》**……「弊」には、悪いこと、という意味があり、「多年の弊」は、長年続いてきた悪いこと、積み重なってきたマイナスという意味。「多年の弊と言わざるをえない」が定番の使い方。

□**過剰適応《かじょうてきおう》**……状況に適応しすぎている状態。それまでの状況にうまく適応して、成功していたため、新しい環境に対応できないという文脈で使われる語。たとえば、「工業化社会に過剰適応した日本経済」といえば、工業化社会で成功しすぎたため、情報化社会に乗り遅れ、落ち込むことになったという意味。

□**最後の一藁《ひとわら》**……ラクダの背に藁をのせていくと、最後はごく軽い一藁の重みによって、ラクダはくずおれるという意。そこから、何でもないようなことが、長年の重圧、恨み、思いなどを表面化させて、全体が崩れるという意味。「その一言が、廃業を決意させる最後の一藁になったんだね」など。

目に見えないものを表現する

□**不透明感**……「先が見通せない感じ」を表した言葉。「経済の先行きに不透明感が広がるなか」「不透明感が漂う政局」などと使われる。

□**視座《しざ》**……物事を見る立場のこと。「新しい視座を提供する」「平和主義の視座から戦争を語る」など。「視点」よりもインテリっぽく聞こえる言葉。

□**時代精神**……ある時代を象徴的に表す精神。とはいえ、それが何か具体的にいうのは難しいが、評論文などでは、「時代精神を反映し、無難な作品が好まれている」「時代精神に逆らわなければ、小説を書く意味がない」などと使われている。

□**祝祭空間《しゅくさいくうかん》**……日常とは違う非日常的な空間。「この日ばかりは、学校という勉学の場も、祝祭空間に様変わりする」「渋谷のスクランブル交差点は一種の祝祭空間だ」など。要するに、お祭り騒ぎのことを格調高く表す言葉。

□**柔構造《じゅうこうぞう》**……建築用語で、地震時の揺れが建物に与える影響を弱めるようにした構造。建物にしなやかな変形能力をもたせることで、「柳に風」のような原理を働かせる構造。比喩的に建築以外にも用いられ、「日本社会の柔構造が今日の繁栄をもたらした」などと使う。

□**反実仮想《はんじつかそう》**……「もし、こうなったら、どうなるか?」と考えること。たとえば、「もし宝くじに当たったら、人生はどうなるだろう?」と現実に反することを前提に仮に考えてみること。現実べったりの相手に対して「反実仮想も必要ではないか」などと批判するために使われることが多い。

□**歴史的コンテクスト**……コンテクストは、文脈、物事の筋道、前後関係のこと。歴史的コンテクストは歴史的文脈、歴史的背景という意味になる。「歴史的コンテクストを踏まえて考えると」という形で使われることが多い。

□**心象風景**《しんしょうふうけい》……心の中に浮かぶ光景。現実には存在せず、心の中にだけ存在する風景。要するに、「気持ち」を高尚に表す言葉で、「この小説は、作家の心象風景を文章にしたものだ」「どのような心象風景が浮かんでいるのだろうか」などと使う。

□**同時代**……同じ時代、同じ時期。単に時期が同じというだけでなく、文化、価値観、思想を共有するという意味で使われる。「ジャンルは別だが、同時代性を感じさせる作品」など。

□**社会的な文脈**……「文脈」は、本来は、文と文のつながり具合のこと。そこから、物事の意味を考えるうえでの筋道、脈絡という意味で使う。「社会的な文脈で考えると」「政治的な文脈をたどると」など。

□**黄金時代**……紀元前700年頃の古代ギリシャの詩人ヘシオドスの叙事詩に由来する言葉。それによると、神が最初につくったのは、黄金の種族で、立派で死ぬこともなかった彼らの時代を「黄金時代」と呼ぶ。その後、人間はじょじょに堕落し、白銀の種族、銅の種族、現在の鉄の種族と続いてきた。日本語では、人や組織が最も輝いた時代を「黄金時代」と呼び、「日本映画の黄金時代」「巨人軍の黄金時代」などと使う。

□**因果律**《いんがりつ》……原因と結果に一定の関係がある原理。哲学や物理学用語でもあり、「因果関係」というよりも、高尚に聞こえる。「そこには、何らかの因果律が存在するはずだ」など。

□**神話解体**……「神話」は、誰もが疑わない常識的言説という意味で、「土地神話（地価は決して下がらない）」「原発神話（日本では重大な原発事故は起きない）」などと使われてきた。その解体は、言説とは裏腹のことが現実に起きて、それまで常識とされていたことが崩壊すること。

□**時代相**《じだいそう》……その時代の特徴となる風俗や風潮。「時代相をとらえたイラスト」「流行歌に見る時代相」などと使う。また、同様に使われる言葉に「時代の属性」がある。「属性」は哲学用語で、ある事物が本来持っている根本的な性質のこと。

□**残像**《ざんぞう》……光の刺激を受けたあと、一定時間、目に像が残る状態。そこから、映像的な記憶、思い出という意味で使われ、「昭和の残像を見る思いがする」などと用いる。

□**幻視**《げんし》……実際にはないものが見えること。「ドイツ国民は、ヒトラーの中に未来を幻視したのである」のように、間違った未来を見る、将来図を描くといった意味で使われることが多い。

□残照《ざんしょう》……日が沈んでからも、空の下方にかすかに残る光。比喩的には、過去の栄光がわずかに残っているという意味。「大英帝国の残照」「バブルの残照」など。同種の比喩に使われる「余韻」よりも、映像が浮かびやすい言葉といえる。

□自画像……自分の姿を自ら描いた肖像画。比喩的によく使われ、「この青春小説は、若き日の自分を描いた自画像ともいえる」「田中角栄は、戦後日本の自画像だ」などと用いる。

□局所最適化《きょくしょさいてきか》……部分的には最適でも、全体にとっては最適ではないこと。たとえば、ある政策が一部の人には利益をもたらしたとしても、国全体や社会全体にとっては、そうではないという場合に使われる。「それでは局所最適化に過ぎず、全体最適は達成できませんね」など。

2 その教養ワードには、意外な使い道がある

そういう〝知のカタチ〟があったのか！

□**実践知**《じっせんち》……もとは哲学用語だが、一般的には「実践の中で積み上げた知識」「現場で役に立つ知恵」といった意味で使われている。「机上学習は積んでいるが、実践知が不足している」というように。

□**専門知**……専門的な知識、能力。「専門知識」というよりも、「専門知」と「知」で止めたほうが、インテリっぽく聞こえるから不思議。「確かな専門知を身につける」など。

□**集合知**……多くの人の知識の蓄積。みんなの知恵を借りることは「集合知を活

用する」、多くの人で知恵を出し合うことは「集合知によって解決する」という高尚に聞こえる。

□**暗黙知**《あんもくち》……言葉では説明できない知識。要するに、経験や勘のことで、職人技術や経験からの洞察力などは、暗黙知の一種。対義語は「形式知」。こちらは、言葉やデータにできる知識。「ベテランの暗黙知を形式知に変え、若手に伝えることが必要だ」など。

□**無知**《むち》**の知**《ち》……古代ギリシャの哲学者ソクラテスの言葉。自分は無知であると自覚することが、真の知に至る道であるという考え方。何でも知っていると自信過剰気味の人をこの言葉でたしなめることもできる。

できる大人がおさえている〝的〟がつく言葉

□**反時代的**……一般的には、時代の流れと逆を行く、流行に逆らうという意味で使われ、「反時代的な作品」などと用いる。哲学用語としては、ニーチェが著した「反時代的考察」と題された論文に関係して使われることが多い。

□**巨視的**《きょし》……「マクロ」の訳語で、全体的に観察するさま。「巨視的にながめ、全体像を把握する」など。対義語は「微視的」(ミクロ)。なお、以前、マクロ経済学は「巨視的経済学」、ミクロ経済学は「微視的経済学」と訳されることがあったが、昨今はほとんど使われていない。

□**思弁的**《しべん》……論理的な思考にもとづくこと。ただし、「現実離れしている」という意味の婉曲な悪口に使われることが多い。「そのご意見は、思弁的にすぎませんか」は、「現実を見ていないんじゃないですか」という意味。

□**衒学的**《げんがく》……知識をひけらかすさま。英語でいうと、ペダンティック。「衒学的な小説」「衒学的な論文」「衒学的な態度」など、おおむね悪口として使われる。「いささか衒学的ですね」など。

□**不可逆的**《ふかぎゃく》……「不可逆」はもとに戻せないことで、要するに、とりかえしがつかないこと。「高齢化が不可逆的に進行する」など。

□**謙抑的**《けんよく》……「謙抑」は、へりくだって控えめにすること。自制的に抑えるという意味でも使われ、「謙抑的に表現する」などと用いる。

□**自傷的**《じしょう》……「自傷」は、自分の体を自ら傷つける行為。「自傷的」は、芸術評論などでよく使われる言葉で、「自傷的な文学作品」「自傷的ともいえる努力」などと用いる。

□**自罰的**《じばつ》……失敗したときなどに、自らを責め、攻撃する傾向のこと。「内罰的」や「自責的」と同じ意味。「自罰的とも思える言動」「太宰治の自罰的な作品」などと使われる。

できる大人がおさえている〝性〟がつく言葉

□**多声性**《たせい》……もとは音楽用語だが、「多様性」と同様の意味で使われている。「多様性」という手垢がついた言葉を避けるため、文章のプロがこう言い換えることが多い。

□**身体性**……厳密にいうと、哲学、宗教、心理学など、さまざまな学問分野で、それぞれの定義がある言葉。一般的には「自分の体による経験」「皮膚感覚」といった意味で使われている。「作家の身体性を感じさせる作品」など。

□**両義性**《りょうぎ》……ひとつの事柄が相反する二つの意味を持つこと。「○○という概念には両義性がある」など。カタカナ語にすると「アンビバレント」。

□**蓋然性**《がいぜん》……平たくいえば、「おそらくそうだろう」ということ。「蓋然性はけっして高くはない」などと使う。なお、「蓋然的」は、ある程度、確実なさまで、必然的に近い意味。

□**神性《しん》**……文字どおり、神の性質のこと。「神性を帯びる」や「神性を感じさせる」は、神々《こうごう》しく感じられるという意味。「神性を帯びた名画」「神性さえ感じさせる楽曲」など、芸術作品をほめるときによく使われる言葉。

□**普遍性《ふへん》**……いつの時代にも、どんな場面でも通用すること。「普遍性を備えている」「普遍性を欠く」がよくある使い方。「もう少し普遍性のある議論が必要ではないですか」といえば、相手の意見が主観的すぎることをやんわり指摘できる。

□**非対称性《ひたいしょう》**……釣り合っていないさま。対等でないさま。近年は「情報の非対称性」という言葉がよく使われ、これは持っている情報の質や量に、大きな差があること。「非対称型の戦争」は、正規軍とテロ組織など、規模も質も違う武力組織同士が戦う戦争形態。

□**多層性**……いくつもの層があるさま。「日本文化の多層性」「歴史の多層性」など、おもにさまざまな要素が絡み合っていることの形容に用いる言葉。「重層性」も、ほぼ同じ意味。

数学用語を日常会話に応用してみよう

□**座標軸**《ざひょうじく》……数学用語としては、座標を決めるための縦横の直線。そこから、比喩的に、物事、考えの基準、基本方針といった意味で使われる語。「○○の教えを生き方の座標軸とする」「人生の座標軸を失う」「プロジェクトを進めるうえでの座標軸」など。

□**二元方程式**……数学では、未知数が二つの方程式のこと。そこから、比喩的に、要素が二つある課題という意味で使われる。「二元方程式だった冷戦時代」といえば、冷戦時代は米ソ二国の動向がカギだったが、今はその枠組みが消滅し〝未知数〃が増え、より難解な「多元方程式の時代」を迎えているという意味合い。

□次数《じすう》を上げる……「次数」は、数学の二乗や三乗のこと。「次数を上げる」は、比喩的に、グレードをアップするという意味で使われる。「次元を上げる」も同様の比喩。

□最大公約数……数学では、公約数のなかの最大値。比喩的には、多くの異なる意見の共通点という意味で使われ、なかば慣用句化している。「世論の最大公約数」「皆様のご意見を集約すると、その最大公約数といえるのは〜」など。

□四象限《よんしょうげん》で考える……「四象限」は、X軸とY軸によって、四つに分けられる区画。「四象限で考える」とは、データをX軸とY軸で表し、さまざまな事象がどの象限に入るかによって、全体の中での位置づけを見ながら物事を考えること。「マトリックス思考」ともいう。

科学用語を日常会話に応用してみよう

□**半減期《はんげんき》**……科学的には、放射性元素の原子量が半分になるまでの時間。比喩的には、「憎悪にも半減期がある」「人の記憶の半減期は、放射性元素のそれよりもはるかに短い」などと使われる。

□**共振《きょうしん》する**……科学的には「共鳴」と同じ意味で、振動する物体に同じ振動数の振動が加わると、振動幅が大きくなる現象。比喩的には「感動が共振する」など、感動や興奮が伝わることによって、〝心の震《ふる》え〟がより大きくなる現象に関して使われる。

□**島宇宙化《しまうちゅう》**……「島宇宙」は、銀河系外にある天体集団。比喩的に使う場合は、宇宙という意味は薄れ、「島」状であることの比重が重くなって、「孤島状態」「バラバラ」という意味で使われる。「島宇宙化した消費者」「嗜好の島宇宙化」

など。

□**斥力**《せきりょく》……「引力」の対義語で、互いに反発し合い、遠ざけようとする力。そこから、比喩的に、「二人の間には、斥力が働いている」のように使われる。前述の「遠心力」と同様に使われる言葉。

□**反世界**《はんせかい》……もとは物理用語で、私たちの住む世界とは基本的粒子が違い、反粒子で構成されている世界。そこから、まったく違う世界、異世界という意味で使われる。「反世界のような奇怪な文明」「ガラパゴスを通り越して反世界化する日本」など。

□**化学反応を起こす**……比喩的には、複数のものの組み合わせによって、予想もしない効果が生まれるという意味で使われる。「バイオリンと尺八の音色が化学反応を起こす」など。

□**連鎖反応**……科学的には、核分裂反応のように、ひとつの反応が別の反応の引き金になり、反応が連鎖する状態。比喩的には、ひとつの出来事がきっかけとなって、次々と事件が起きたり、拡大したりするという意味で使われる。「連鎖反応のように、テロが頻発する」など。

□**水銀のように変幻自在《へんげんじざい》**……元素名も、その性質に応じた比喩に使われる。「水銀」は、常温で唯一、液体状の金属であり、形が変わることから、見出し語のような比喩に使われる。ほかに「アルミのような光沢」「体が鉛のように重い」「言葉が水素並に軽い」などは、準慣用句的な表現。それらを陳腐と感じれば、「白金のような光沢」「タングステンのように重い」「リチウムのように軽い」などと変化をつけるとよい。

□**酸素と水素のような関係**……元素名は、こんな使い方もできる。見出し語は、酸素と水素が結合することで〝劇的な変化〟が起き、水が生まれるという意味。つまり、二つのものの組み合わせによって、単なる足し算ではなく、劇的な変化が起きることの比喩。

□**定性分析**《ていせいぶんせき》……化学分析では、成分の「種類」を調べること。対義語は「定量分析」で、成分の「量」を調べること。そこから、マーケティング関係などで、「定性分析では本当のところはわからない。数字で説明できませんか」などと使われる。

□**周波数**……科学的には、交流電流などが1秒間に繰り返す波の数で、単位はヘルツ。比喩的に「周波数が合わない」「周波数が違う」というと、その相手とは気が合わない、話が合わない、コミュニケーションが成り立ちにくいという意味になる。

□**潤滑油**《じゅんかつゆ》……摩擦をおさえる油。比喩的には、物事をスムーズに進めるものという意味で使われ、「人間関係の潤滑油」など。なお、「潤滑」は、潤いがあって動きが滑らかという意味の熟語だが、「潤滑油」以外ではほとんど使われなくなっている言葉。

□**錬金術**《れんきんじゅつ》……卑金属から貴金属をつくり出そうとした技術。比喩的には、ポジティブな意味としては、何の変哲もないものから、すばらしいものをつくり出す技術という意味で使われ、「言葉の錬金術師」などと用いる。一方、ネガティブな意味としては、詐欺まがいの商法、投機でカネをつくりだす技術という意味で使われている。

□**疑似科学**《ぎじかがく》……科学のような体裁をとっているが、中身は科学性を欠いたインチキ科学や俗信の類。占いや一部のサプリメントなど、もっともらしく語られながら、科学的見地からは無視されているものの総称。

□**慣性**《かんせい》**の法則**……物体が、外からの力を受けないとき、現在の動きを続けるという力学法則。比喩的に、反応の鈍い大組織への悪口に使うことが多い。「大組織ほど、慣性の法則が働いて変化に対応できない」など。

◉怪物、祭典、甲子園……イメージがふくらむ定番キーワード──Column1

一言で説明するのに便利なのが、「〜の甲子園」「〜銀座」「〜の魔術師」といった定番表現。たとえば、「俳句甲子園」といえば、それが俳句の〝高校生全国大会〟であることが一言でわかるという具合だ。以下は、頭に入れておくと、短く説明するのに便利な言葉。短い言葉で、相手の興味をひくことができる。

□〜の怪物……「怪物」は、力に溢《あふ》れた人の代名詞として使われる言葉。野球選手では、昭和の時代には江川卓投手が「怪物」と呼ばれ、続いて松坂大輔投手が「平成の怪物」と呼ばれた。競馬で「怪物」と呼ばれたのは、昭和の名馬ハイセイコー。

□〜の祭典……「祭典」は、祭りに限らず、はなやかな行事という意味で使われる。「科学の祭典」「食の祭典」「光の祭典」など。なお、「平和の祭典」はオリンピックの代名詞で、古代ギリシャ時代、交戦中の国々も、戦争を中止してオリンピックに参加したことにちなむ。

□～の魔術師……「魔術師」は、超絶的な技巧を持つ人という意味でも使われる。たとえば、「色彩の魔術師」と呼ばれたのは、画家ではドラクロアとマチス、ファッション界ではミッソーニ。

□～の甲子園……「甲子園」球場では、高校野球の全国大会が開かれることから、高校生全国大会の代名詞として使われている。「知の甲子園」（高校生クイズ大会のこと）、「ブラバンの甲子園」「駅伝の甲子園」など。

□～銀座……「銀座」は、東京きっての繁華街。そこから、繁華街を意味する〝普通名詞〟としても使われ、全国には、「銀座」のつく商店街が３００以上はあるとみられる。さらに、繁華街以外の意味にも広がって、「台風銀座」や「アルプス銀座」（北アルプスの登山者の多い道のこと）なども使われている。

□第二の～……～に入る語と同様の機能を持つという意味で使われ、たとえば

「第二の脳」といえば、腸のこと。腸が脳と同様に、感情などに影響をおよぼすことを表している。また、「第二の人生」のように、「その後」や「節目の後」という意味でも使われる。

□人生最後の〜……特別であることを強調するフレーズ。「人生最後のダイエット」といえば、そのダイエット法が優秀であり、次にダイエットする機会はなくなるので、人生最後になるという意味。「人生最後の恋」も、よく見かける表現。

Step2
いい人間関係は、上手な言葉選びから始まります

1 ビジネスは結局、言葉がすべてです

仕事で起きることを言語化する

□**全幅の信頼……**仕事で使われる言葉には、辞書的な意味とは別に、「真意」がひそんでいる場合がある。むろん、そうした「真意」は、国語辞典を引いても出てこないので、ここで解説しておこう。まずは「全幅の信頼」。100%信じているという意味で、人の意欲を引き出したいときに、よく使われる語。たとえば、単に「○日までにお願いします」というよりも、「全幅の信頼をおいていますので、○日までにお願いします」といったほうが、相手のやる気を引き出せるという具合。

□**結果オーライ……**プロセスは別として、「結果（だけ）はよかった」という意味。

人の成功に対して、「運がよかっただけ」とケチをつける言葉。「今回は、要するに結果オーライですよね」など。あるいは、自分の成功をへりくだる言葉にも使われ、「たまたま、結果オーライだっただけで〜」などと用いる。

□理解に苦しむ……信じられない、考えられない、というクレームの婉曲表現。「なぜ、かような事態に至ったか、理解に苦しむところでございます」などと使う。

□最大限の努力……仕事を引き受けるときに、「最大限の努力をいたします」などと使われている言葉。ただし、このフレーズは、努力するとはいっても、成功させるとはいっていない。言質《げんち》を与えたことにはならないところに、このフレーズが多用される理由がありそう。

□当たれば大きい……表向きの意味は、企画などがヒットしたときには、大きな利益が見込まれるということ。ただし、実際的には「当たれば大きいとは思いますが～」などと、当たる確率がひじょうに低いという意味で使われている。

□**見解の相違**……意見や見方に違いがあるという意味。「税務当局と見解の相違があったようです」などと、違法行為をめぐる弁明によく使われる。また、交渉事や会議で、大人が「若干の見解の相違があるようです」と口にすれば、「私はそうは考えない」という意味。

□**諸般の事情**……諸般の「般」には事柄や種類という意味があり、細かな事情を説明したくないときに使う常套句。「諸般の事情により、今回は見合わせていただくことにいたしました」など。「諸般の事情に鑑《かんが》み」も、断りのフレーズでよく使われる言葉。

□**うまくいって当たり前**……この言葉の真意は、失敗すると、後が大変というところにある。「この仕事は、うまくいって当たり前。だから、難しいんだ」など。

□突っ込んだ意見交換……「突っ込む」には、深く立ち入るという意味があり、「突っ込んだ意見交換」「突っ込んだ話をする」などと使われる。ビジネスに関して使う場合は、おおむね利害調整、費用負担、権益の分配など、〝金銭面〟について細かく話し合ったことを意味する。

□おいしいとこどり……食べ物のおいしいところだけを取って食べるような行為。大人社会では、利益の出る部分だけを担当したり、目立つ仕事だけを引き受けて手柄を独占するような振る舞いに対して使われる。

□その時はその時……問題が起きたときは、その時にあらためて対策を考えましょうという意味。「その時はその時ということで、進めましょう」など。あらかじめ、リスクやトラブルに備えないといわれる日本人らしさの表れた言葉。

□責任の一端……「責任の一部」という意味。「責任の一端は私にもあります」という形でよく使われ、「一端」と限定しているところが、大人語としてのミソ。

より重い責任を負う人が別にいて、自分が責任をとらされるリスクがないときに、自らの潔さや責任感を一応示しておくために使われることが多い。

□**事なかれ主義**……問題解決よりも、波風を立てないことを優先する態度。何もしないで穏便にすませることの言い換え。「部長の唯一のモットーは、事なかれ主義だからね」など。

□**生煮え**……料理で、食材が十分に煮えていないこと。そこから、きちんと仕上がっていないこと、未熟なことを意味する。「生煮えの議論」「生煮えの知識」など。

□**そもそも論**……原点にさかのぼって、物事の意味を問う議論。たとえば、業務の具体的な進め方を議論しているときに、そもそもその業務がなぜ必要かを問うような議論。おおむね、「そもそも論」が持ち出されるのは、議論やアイデアに行き詰まったときで、誰かが「そもそも論からいうと」と口にすると、会議の生産性はいよいよ落ちていくもの。

□ペンディング……保留中の意。「未決定」という意味の英語 pend の ing 形（進行形）で、未決定状態のこと。日本のビジネスシーンでは、多くの場合、「何もしない」「ほったらかし」「先送り」の言い換えとして使われている。

□世間は広いようで狭い……初対面の人との社交辞令で使う言葉。相手が知り合いの友人であるとわかったときには、「〇〇さんが△△さんの同級生とは驚きました。世間は広いようで狭いものですね」などと、親近感を表すのが、大人の決まり文句。

□ゆでガエル……水につかったカエルは、その水をじょじょに温められても気づかずに、最後はゆであがってしまうという意味。そこから、わずかな変化には気づきにくいことのたとえ。とりわけ、ぬるま湯状態の組織、会社、部署などが、やがてはダメになるという文脈で使われる言葉。

□毒饅頭《どくまんじゅう》……賄賂やリベートのこと。「上が毒饅頭を食わされて、話がひっくり返ったらしいんだよ」など。

□グーチョキパーの関係……三すくみの関係のこと。グーがチョキに勝ち、チョキがパーに勝ち、パーがグーに勝つような、三つのものが抑制し合い、均衡する関係。蛇となめくじと蛙にもたとえられる。

□地雷を踏む……もとは、隠されている危険に遭遇するという意味で使われていたが、今は「してはいけないことをする」という意味で使われている。「社長に逆らうなんて、地雷を踏んだんじゃないの」など。

□用立《ようだ》てる……「役に立てる」という意味だが、実際的には「金を貸す」「金を立て替える」ことの婉曲表現として使われている。「少々、ご用立ていただきたいのですが」「先日、ご用立てした分の件で～」など。

□**持ち合わせ**……手持ちの金銭。購入をすすめられたときには、「あいにく今日は持ち合わせがなくて」と断るのがお約束。

□**一点豪華主義**……ひとつの物だけを豪華にすること。一品だけに大金をかけること。「一点豪華主義でいいから、もう少しお客の目を引くようにしましょうよ」など。

□**出来レース**……あらかじめ勝敗が決まっている形だけのレース。そこから、結論が前もって決まっている会議などを指す。参加者は事後、「今回も出来レースでしたね」「なんだ、出来レースかよ」と、ぼやくことになる。

□**風通し**……「風通しがよくない」といえば、上に物を言いにくい雰囲気があること。本音の会話が乏しく、よそよそしい職場を意味する。一方、自由に意見交換できるのは「風通しがいい」職場。

仕事で使える大人っぽい表現をおさえておく

□**先般**《せんぱん》……「先日」「先ほど」よりも、〝あらたまり度〟が高い大人用の言葉。「先般の会議で話題になった件ですが」「先般、ご報告いたしましたとおり」などと使う。

□**勘案**《かんあん》……あれこれ考えること。ビジネス用語としては、「全体のバランスを考えたところ」というニュアンスを含む。「諸般の事情を勘案いたしました結果」が常套句。

□**訴求**《そきゅう》……広告・マーケティング業界では、必須の熟語。宣伝や広告によって、対象者の購買意欲を刺激するという意味で使われる。「購買層に強力に訴求するには」など。

□**僭越**《せんえつ》……ですぎたこと。「僭越ながら」がビジネス用語としての定番の使い方。「僭越ながら、一言申し上げたいのですが」など。「僭」には「おごる」という訓読みがある。

□**査収**《さしゅう》……点検して受け取ること。ビジネスメールでは、資料を送った際、「資料を添付いたしました。ご査収願います」としめくくるのが定番の使い方。「検収」も同様の意味。

□**精査**《せいさ》……詳しく調べること。すぐに答えられない質問に対して、「精査のうえ、お返事差し上げます」「目下、精査中でございまして」と逃げるために使われるのは、ご承知のとおり。

□**小職**《しょうしょく》……自分の地位や仕事をへりくだっていう言葉。それなりのポジションにいる役職者が使うのにふさわしく、平社員が使うと少し変。「小職といたしましては」など。

□**当該**《とうがい》……現在、話の対象になっている事柄。おおむね、ネガティブな方向で話題になっている事柄や人をさす。「当該製品の不具合につきましては」など。

□**拝受**《はいじゅ》……「受け取りました」という意味の敬語用の熟語。文章用で、メール時代になって復活した言葉。「ご送付いただきました書類、拝受しました」など。

□**架電**《かでん》……電話をかけること。ワープロソフトでは変換されないこともあるビジネス用語で、おもに官公庁関係で使われている。「過日、架電した件ですが」など。

□**失念**《しつねん》……「うっかり忘れていた」ことを大人っぽくいうための言葉。「すっかり失念していまして」が定番の使い方。

□**放念**《ほうねん》……心配しないこと。気にかけないこと。大人社会では、「どうぞ、ご放念ください」（気にとめないでくださいという意味）と寛容さを表すのが、よくある使い方。

□**割愛《かつあい》**……ただ省くのではなく、「愛《お》しみながら省く」という意味。日本では、おもに会議中に使われ、説明や報告を省く際、「時間の関係で割愛させていただきます」と用いる。

□**真摯《しんし》**……まじめに、真剣に。ビジネス用語としては謝罪用の言葉で、不祥事を起こしたり、批判されたりしたときは、「真摯に受け止めております」と頭を下げるのがお約束。

□**注力《ちゅうりょく》**……文字どおり、力を注ぐという意味で、1990年代から使われはじめて、定着した言葉。比較的、新しい言葉を掲載する三省堂の辞書でも、初めて載ったのは1998年版。21世紀に入ってから、日本語として定着した言葉といえる。「本来の仕事に注力したい」など。

□**標準化**……企業社会では、マニュアル化という意味で使われることが多い。たとえば、ある作業に関して、誰がしても同じ結果が出せるよう、標準となる手順を決めること。

□**定量的**……数字で表現すること。対義語は「定性的」で、数字ではない言葉で表現すること。たとえば、「売り上げ10％アップ」は「定量的目標」。「セールス部門の活性化を図る」は「定性的目標」。

□**物理的**……たとえば、「物理的に不可能」といえば、現在の状況では、人員数、時間などの制約からできないという意。相手の要求を断るときの常套句。無理難題には「物理的に無理ですね」と応じるのがお約束。「これ以上、納期を早めるのは物理的に無理ですよ」など。

□**薫陶**《くんとう》……徳によって人を感化し、育てるという意味。「○○先生の薫陶を受けた」

など。「薫」は香をたきこめることで、香りをしみこませるように、影響を与えること。

□**私淑**《ししゅく》……「私淑」は、師に直接教えを受けるわけではなく、私《ひそ》かに模範として学ぶことを意味し、孟子の言葉に由来する。その孟子は、孔子の死から約1世紀後に生まれ、孔子に私淑することから、儒学をおさめた人物。

□**一抹**《いちまつ》……「わずか」という意味。「一抹の不安」「一抹の寂しさ」などと使われている。

□**汎用**《はんよう》……ひとつのものをいろいろな用途に使うこと。「汎い」で「ひろい」と読む。

□**昵懇**《じっこん》……親密なこと。「昵懇の間柄」など。「昵」には「ちかづく」、「懇」には「ねんごろ」という意味がある。

□矜持《きょうじ》……プライドのこと。「きんじ」と読み間違いやすい。「矜る」で「ほこる」と読む。

□知悉《ちしつ》……「悉く」で「ことごとく」と読み、すべてを知り尽くしていること。

□姑息《こそく》……本来の意味は「一時しのぎ」だが、文化庁の調査では73・9%もの人が「ひきょうな」という意味だと思っていた言葉。「姑息な手段」はひきょうな手段ではなく、一時しのぎの手段。

格調を高くするには「ご」がつく言葉を使う

□ご笑納《しょうのう》……大人のメールを書くためには、相手への敬意を表す「ご」のつく熟語を使いこなすことが必要になる。この言葉は「ご笑納ください」という形で使い、「つまらないものをお送りしますが、笑ってお納めください」という意味になる。

□**ご笑覧《しょうらん》**……これも「笑」という文字で、謙譲の気持ちを表す言葉。「どうぞ、ご笑覧ください」といえば、資料などを送ったので、「どうぞ、笑って読んでください」という意味になる。「ご笑読《しょうどく》」も同様に使える語。「ご高覧《こうらん》」も同じ意味だが、こちらは「高」という文字で相手への敬意を表す尊敬型の言葉。

□**ご清栄《せいえい》**……「ご清栄のことと存じあげます」という形で、手紙文の冒頭に使う言葉。「清栄」は「繁栄」という意味なので、メールでは仕事関係の相手にふさわしい。なお、「ご清祥」は「幸せに暮らしている」という意味なので、個人的なつながりがある相手に送るときにしっくりくる言葉。

□**ご健勝《けんしょう》**……これも、手紙文の冒頭に使う言葉。「健勝」は「体が丈夫で元気なさま」を意味するので、親しい個人宛の手紙にふさわしい語。宛先が「御中」となるような組織宛の手紙に使うのは、本来の意味からすると、少し変。

□**ご厚情《こうじょう》**……「厚情」は「厚い思いやり」のことで、「ご厚情を賜り～」が定番の使い方。「ご懇情」も同様の意味で、こちらのほうが、厚情以上に思いやりの度合いが高いというニュアンスを含んでいる。

□**ご懸念《けねん》**……相手の心配を敬語化する言葉。「ご懸念にはおよびません」など。「ご心労」もほぼ同じ意味で、「ご心労をおかけして申し訳ありません」などと使う。

□**ご容赦《ようしゃ》**……「容赦」は許すこと。「ご容赦いただければ幸いです」など。「ご海容《かいよう》ください」「ご寛恕《かんじょ》いただければ～」というさらに格調高い言葉もある。

□**ご清聴《せいちょう》**……「ご清聴、ありがとうございました」は、大勢の前で話をしたときの締めくくりの言葉。文章に書くときは、「ご静聴」と書かないように。こちらは、「ご静聴願います」などと使う、静かに聴くという意味の別の言葉。

「ご」のつく上級敬語はまだまだあります

□**ご自愛**……お体を大切にしてくださいという意。

□**ご愛顧**……「今後ともご愛顧のほど、お願い申し上げます」など。

□**ご賢察**……「ご賢察のとおり」など。「ご想像のとおり」より敬うレベルが高い。

□**ご研鑽**……「まさしく、長年のご研鑽の成果と存じます」など。

□**ご精勤**……「長年のご精勤、お疲れさまでございました」と退職者をねぎらう。

□**ご一任**……「ご一任したいと存じ」など。〝丸投げ〟するための敬語。

□**ご恵贈**……ものをもらったときに使う。自分が贈ることではないので注意。

□**ご高見**……「ご高見にふれ、目から鱗が落ちた思いです」など。

□**ご高論**……「ご高見」と同様、相手の意見、見解を敬語化した言葉。

□**ご高配**……「ご高配を賜り～」と感謝の気持ちを表す。「ご高慮」も同じ意味。

□**ご高評**……「ご高評を賜りたい」など、相手の意見を聞きたいときに使う。

□**ご高覧**……「ご高覧にあずかり（光栄に存じます）」が定番の使い方。

□ご海容《かいよう》……おもに文章で許しを乞う言葉。「どうぞご海容くださいますように」など。
□ご鞭撻《べんたつ》……「ますますのご指導、ご鞭撻のほど、お願い申し上げます」など。
□ご厚志《こうし》……「ご厚志を賜る」が定番の使い方。
□ご賛同……「ご賛同を賜り、意を強くしております」など。
□ご譴責《けんせき》……謝罪用の言葉で、「ご譴責の言葉を真摯に受け止め〜」などと使う。
□ご叱正《しっせい》……「ご叱正を賜る」は平たくいえば、間違いや欠点を正してもらうこと。
□ご息災……元気で無事という意味の「息災」の敬語化。「ご息災とお聞きし〜」など。
□ご難色……「社長様が、ご難色を示されていると伺っています」など。
□ご不快……「ご不快な思いをおかけし、申し訳ありませんでした」など。
□ご得心……「ご納得」より大人っぽい言い方。「ご得心いただければ幸いです」など。
□ご立腹……「ご立腹も、もっともなことと存じます」など。
□ご隆盛……「愈々《いよいよ》ご隆盛のことと存じあげます」など。
□ご満喫……「ご満足」よりも、丁重なニュアンスのある語。「ご満喫いただけたかと」など。
□ご懇意《こんい》……仲よくすることの敬語。「ご懇意にさせていただいています」など。
□ご足労《そくろう》……「ご足労をおかけいたしまして」が、相手に来てもらったときの定番の使い方。

2 ウマい言葉を使えば、どんな状況も乗りこえられる

それは、どんな言葉で評するのがピッタリ？

□**不適当**……「ダメ」や「NG」の言い換え。「ダメ！」と言いたいところでも、「不適当と思えるのですが」くらいにとどめるのが大人の物言い。「不都合」や「不向き」と言い換えられるケースもある。

□**一丁目一番地**……政官界で「最優先」という意味で使われている。「一丁目一番地の政策」など。「一丁目」は入り口近くという意味でも使われ、「ここが、地獄の一丁目だ」など。

□**可《か》もなく不可《ふか》もなし**……平凡であるさま。いいところ（可）も悪いところ（不

可）もないという意。意外にも、出典は『論語』で、もとは「言行がほどよく、過不足がない」という〝ほめ言葉〟だった。

□**恣意的**……「自分勝手」「気まま」という意味なのだが、「自分勝手がすぎませんか」というよりは、「恣意的にすぎませんか」と、熟語を使ったほうが婉曲に聞こえるもの。

□**建設的**……現実をよりよくしていこうという態度。「建設的意見」「建設的な提言」などと使う。相手が揚げ足をとってきたときには、「もう少し建設的に議論しましょう」と切り返すために使われる。

□**対症療法的**……その場しのぎの、という意。本来は、病気を根本的に治療するのではなく、発熱や痛みなど、現在、表に出ている症状を改善するためだけの方策という意味。「そんな対症療法的な対策では、業績は改善しないよ」など。

□**瑣末《さまつ》**……とるに足らないささいなこと。「瑣」には「ちいさい」という意味がある。

□**冗漫《じょうまん》**……だらしなく無駄に長いこと。「冗漫な作品」など。「冗」は「むだ」、「漫り」は「みだり」と訓読みする。

□**外連味《けれんみ》**……受けを狙ったようなわざとらしさ、ごまかし、嘘っぽさのこと。「外連味がない」という形でよく使われ、これは逆にわざとらしさや嘘っぽさがないというほめ言葉。もともと、歌舞伎では、本道からはずれた芝居を「外連《けれん》」と呼び、かつては一段下の芝居とみられていた。そこから、正攻法ではないことを「外連」というようになり、「外連味がない」で正統的であることを意味するようになった。

□**総花的**……いろいろ盛り込んではいるが、どれもこれも中途半端な状態。おおむね、日本の組織では、各部署の顔を立てようとするため、何事も総花的になりがち。「総花的な対策」「総花的な総理の所信表明演説」など。

□**弾力的**……柔軟に。日本の大人社会では、規則をまげたり、マニュアルを軽視して物事を行うという意味でよく使われている。「そのあたりは、ルールにとらわれず、弾力的に考えていいのじゃないかな」「規則は弾力的に運用するものだよ」など。

□**陳腐化**……マンネリ化。代わりばえしないこと。たとえば、「陳腐化した商品」といえば、発売から時間がたち、魅力のなくなった商品のこと。

□**時代を先取りしすぎた**……商品が売れなかったときなどに使う言葉で、要するに「失敗」の婉曲表現。また、思い込みの強い企画、奇をてらった企画などを否定するときには、「いささか時代を先取りしすぎているかと～」といえば、やんわり却下できる。

□**なくはない**……二重否定の形なので、肯定を含む意味になりそうだが、大人社会でこう言われたときは、否定されたに近い。「そういう考え方も、なくはないと思いますが」のように、相手の提案をスルーするときなどに使う言葉。

□**総論賛成、各論反対**……全体（総論）としては賛成だが、自分に害がおよぶ部分（各論）では反対という意味。「行政改革」「社内改革」など、おおむね「改革」と呼ばれるものは、この「総論賛成、各論反対」によって進まないもの。そうした事態や相手に対して、批判的に使われる言葉。

人柄からタイプまで、あの人のことを言葉で評価する

□**恬淡**《てんたん》……物事に執着せず、あっさりしていること。「恬い」で「やすい」と読む。「金銭に恬淡としている」など。

□**外道**《げどう》……仏教語では、仏教のことを「内道」と呼び、「外道」はその対義語で、

「仏教以外の教え」という意味だった。近世以降は「道をはずれた者」をなじる言葉になった。

□**武骨《ぶこつ》**……もとは「無骨」と書き、この「骨」は物事のコツや作法という意味。その「骨」を心得ていないから、不作法なことを意味する。その後、「素朴」「飾り気がない」というニュアンスが加わり、昔よりはポジティブな意味にも使われるようになっている。

□**寵児《ちょうじ》**……特別に可愛がられている子供のこと。あるいは、時流に乗って世の中からもてはやされている人。「寵」には、籠に入れて大切に飼うという意味がある。そこから「寵愛」など、たいへん可愛がるという意味が生じた。「マスコミの寵児」「文壇の寵児」など。

□**陰日向《かげひなた》なく**……人が見ている見ていないに関係なく、という意味で、「陰日向なく働く」「陰日向のない人」などと使う。「裏表がない」というよりも、上品な表現。

□**海千山千**《うみせんやません》……世故に長けた経験豊かな人、さらには、多少の悪事も辞さない、したたかな人物のこと。蛇のような下等な生き物でも、海に千年、山に千年も住むと、龍になるという中国の伝説に由来する言葉。

□**骨身**《ほねみ》**を惜**《お》**しまない**……「まめまめしい」と、ほぼ同じ意味で、自分の体（骨身）をいとうことなく、働くさま。「貴殿の骨身を惜しまない働きぶりによって」など。

□**竹を割ったような**……まっすぐな気性を形容する慣用句。竹を二つに割ると、まっすぐに割れることから。「竹を割ったような性格」が定番の使い方。

□**たしなみ**……意外に、いろいろな意味に使われる語。まず、「上品なたしなみ」といえば「好み」や「趣味」のこと。「武士のたしなみ」や「女のたしなみ」と

「茶道のたしなみがない」では「節度」のこと。「茶道のたしなみがある」のように使うと「心得」という意味になる。漢字では「嗜み」と書く。

□**吝嗇**《りんしょく》……お金を使いたがらないこと。ケチ。「吝」も「嗇」も、訓読みすると「やぶさか」。「やぶさか」は「思いきりが悪い」という意味で、「吝嗇」は、（金に関して）思いきりが悪いことから、「ケチ」という意味になった。

□**脇が甘い**……もとは、相撲で、差し手をすぐに許す防御の甘さを意味する語。そこから、大人語としては、人から責められるような弱点を持つという意味で使われる。金銭関係にルーズ、女性にだらしないという意味を含むことが多く、「彼は、脇が甘いところがあるからね」などと用いる。

仕事であえて曖昧に話すための言葉

□**不可解**……意味がわからない、怪しいを大人度高く言い換えるための言葉。「この一件には、不可解な点が多いですね」など。

□**不首尾**……人のミスはあからさまに「失敗」というのではなく、「不首尾」というのが、大人の言葉。「不首尾に終わったそうですね」など。

□**怪訝なお話**……相手の言動に不信感を抱いたとき、「信用できませんね」というと、ケンカになってしまう。「いささか、怪訝なお話ですね」と、曖昧に疑義を呈するのが大人。

□**敢えなくなる**……「死ぬ」ことの言い換え。大人社会では、人に関しては「死ぬ」という動詞は使えない。「息をひきとる」「息が絶える」「帰らぬ人となる」

「天に召される」「身罷《みまか》る」「不帰の客となる」……くらいの言い換えは頭に入れておきたい。

□**白いもの**……これは、「白髪」をぼやかした表現で、「白いものがまじる年齢」など。一方、「赤いもの」は血のことで、「痰《たん》に赤いものがまじる」など。

□**不利益**……日本のビジネスでは、「損害」は「不利益」に言い換えるのが常識。「今回、不利益をこうむりまして」「不利益が生じたときには〜」など。

□**行き違い**……小さな間違い、失敗、ミスに関しては、「行き違い」と曖昧に表現するのが大人。「間違い」というと、相手の責任を追及するニュアンスが生じるが、「行き違い」といえば、相手を責めるニュアンスを薄めることができる。

□**なんらかの措置**……抗議や警告で使う言葉で、「善処されないときは、なんらかの措置をとることになります」などと用いる。具体的な中身をいわないことで、逆に「大変なことになりますよ」とプレッシャーをかけるためのフレーズ。

□書いたもの……契約書などの文書を意味する婉曲表現。成句の「書いたものがものを言う」は、トラブルが起きたときは、証文（書いたもの）が効力を発揮するという意味で、口約束ではなく、きちんと文書にしておけ、という戒め。

□出る所へ出る……警察署や裁判所など、公の場所へ出るという意味。強い言葉ではあるが、警察署や裁判所を「出る所」とぼかしているので、一応、婉曲表現の部類に入る。

□悪くはない……「悪くはない」という「悪い」を否定する形ながら、「よい」という意味にはならない大人語。「悪くはないが、よくもない」という意味で使われる。

□ノイズ……雑音の言い換え。仕事上のいらぬ口出しや悪い評判、やっかみなどを「ノイズ」と言い表す。「いろいろとノイズが聞こえてくるかもしれませんが、気にしないで、やってください」など。

□**自重**……大人語としては、忠告するときに使う言葉。「やめたほうがいい」とあからさまに注意するのではなく、「自重されたらいかがかと」「ご自重ください」「いま少しの自重を望みます」などと、婉曲に制止するための熟語。

詫びるときは、定型句にかぎる

□**猛省**……謝るときには、定型句を使うのが大人の常識。〝伝統〟に則《のっと》ってオーソドックスな言葉を用いるのが、謝意と反省を伝える最も有効な方法といえる。下手に表現をひねったりすると、いらぬ誤解、さらなる怒りを招く原因にもなりかねない。ここで紹介する言葉を頭に入れておけば、ほとんどの場面で大人度高く謝ることができる。見出し語の「猛省」は、猛烈に反省すること。「反省しています」よりも謝意が深くなり、かつ大人度も上がる表現。

□**慙愧《ざんき》**……「慙愧」は恥じ入ることで、申し訳なく恥じ入るばかり、という気持ちを表す言葉。「慙愧に堪えない思いでいっぱいです」など。

□**自責の念**……「自責」は自らを責めること。「自責の念に堪えません」は、いくら自分を責めても足りないという意。前項と同様、取り返しのつかない事態を謝るときに向いている。

□**幾重《いくえ》にも**……「幾重にも」は、ひたすら、かえすがえすも、という意味。「幾重にもお詫び申し上げます」は、古くからの謝罪用の定型句。

□**非礼の数々**……自分の言動に失礼があったときに使う言葉。「非礼の数々、お許しください」など。大きな失敗やトラブルには不向き。

□**不明を恥じる**……自分に物事を見抜く力がなかったことを恥ずかしく思うという意。「おのれの不明を恥じます」など。これも、重大事の謝罪には不向きな言葉。

□**痛恨の思い**……「痛恨」は「一大痛恨事」などとも使うように、大いに残念がるという意味。「残念」という意を含むため、やや軽い謝罪と受け止められる可能性もある言葉。「痛恨の極みです」も謝罪用に使えるが、同様の懸念がある。

「交渉」「会議」で使えるようにしたい言葉

□**穴《あな》を埋《う》める**……損失を補う。欠員が出たとき、代わりの者を入れる。逆に「穴を開ける」は損失などを出すこと。「どうやって、穴を埋めるおつもりですか」など。

□**異《い》を挟《さしはさ》む**……違った意見をいう。反対意見をいう。「異を唱える」「異を立てる」も同じ意味。会議で反対するときに、「異を挟むわけではないのですが」などと前置きに使われる。

□**名《な》を捨《す》てて実《じつ》を取《と》る**……名目や体裁ではなく、実利を選ぶという意。「ときには、名を捨てて実を取ることも必要ではないでしょうか」など。

□**白紙《はくし》に戻《もど》す**……何もなかった元の状態に戻す。「白紙に返す」とも。「冗談ではない。この一件、白紙に戻しましょう」など。

□**諒《りょう》とする**……承知する。納得する。「諒」には「まこと」という訓読みがある。仕事関係では、「その回答を以て、今回は諒といたします」といえば、相手の説明に納得し、謝罪を受け入れたという意味になる。

□**意《い》を酌《く》む**……相手の考えを察して行動すること。「社長の意を酌んで、行動する」など。

□**長い目で見る**……気長に将来や先を見守る。焦らずにゆったり構えて、状況に対処するさま。ビジネスでは「長い目で見ていただければ幸いです」というのが定番の使い方。

□**不問《ふもん》に付《ふ》す**……失敗やミス、不祥事などを問題化しないこと。大目に見て、処分しないこと。「今回は情状を酌量し、不問に付しましょう」など。

□**帰《き》する所**……結局。行きつくところ。「帰する所、結論は明らかじゃないでしょうか」など。

□**水掛論《みずかけろん》**……互いに自分勝手な理屈を言い張り、結論の出ない論争。農民が、自分の田へ少しでも多く水を引き込もうと、田の水を掛け合って喧嘩したことから。「これでは、いつまでたっても水掛論ですよ」など。

□**絵に描いた餅《もち》**……何の役にも立たないもののたとえ。餅の絵を上手に描いたところで、食べられないことから。「絵に描いた餅では食べられませんからね」など。

□**窮余《きゅうよ》の一策《いっさく》**……困ったときに、苦し紛れに繰り出す策。物事をうまい方法で解決してほめられたときに、「窮余の一策ですよ」と答えれば、謙遜したことになる。

□**時間の問題**……遅かれ早かれ、時間がたてば、そうなるだろうという意。「先方が折れてくるのも時間の問題でしょう」など。

□**玉虫色《たまむしいろ》**……玉虫の羽のように、光の加減によって変わって見える色。そこから、さまざまに解釈できる、曖昧な表現という意味で使われる。「とりあえず玉虫色の結論で、お茶を濁しておいてはどうかね」など〝先送り〟と〝妥協〟の周辺で使われる言葉。

□**通りがいい**……世間の人に受け入れられやすい。「小社は、社名よりもブランド名のほうが通りがいいもので」など。

□**難しいお話**……人からの依頼を断るときには、言葉を慎重に選ぶ必要がある。とりわけ、相手が取引先だったり、目上の場合には、無理筋の要求であっても、無下には断れないもの。そんなときは、この言葉が便利に使える。「難しいお話ですね」とまずは応じて、相手の顔色をうかがえばよい。

□**預からせていただく**……その場で断りきれないとき、時間を稼ぐためのフレーズ。「いったん預からせていただき、検討してみたいのですが」など。なお、何事も婉曲に表現する京都では、「預からしてもらいます」は、断り文句として確立しているフレーズ。

□**見送る**……「今回は、見送らせてください」などと使う語。「見送る」といえば、次の機会には可能性があるかもしれないという意味になり、断っても相手と縁まで切ることにはならない。

□**不賛成**……「反対です」というと角が立つが、「不賛成です」と言い換えると、多少は婉曲になる。ほかに、「無駄」は「不急」、「できそこない」は「不完全」など、「不」のつく言葉を使って言い換えると、ネガティブな言葉も多少は表現がやわらかくなる。

□**時期が時期だけに難しい**……断る本当の理由は、相手のプランなどが不出来という場合でも、見出しのフレーズのようにいえば、相手の能力ではなく、時期のせいにできる。その分、相手の感情を害するリスクは低くなる。

□**降りしろ**……交渉事で、要求を取り下げてもいい部分。その条件を取り下げることと交換に、他の条件を呑ませるための要求。要するに、相手に対してふっかけた部分。中央官庁間の権限争議あたりから生まれた言葉で、一部ビジネス社会でも使われている。

□**紙にする**……広義には、文字にして残しておくこと全般を意味するが、ビジネス社会では、合意したことを、合意書、念書、契約書などにまとめることを意味する。また、「一枚紙にする」は、A４一枚の資料をつくること。すぐに読める短い文章に、企画の概要などをまとめるという意味。

□**昨日の今日**……日程設定があまりに急で、無理なときに使われる言葉。「昨日の今日では無理ですね」など。「今日の今日」という言い方もある。

Step3
その感情、こういう言葉で言語化できます

1　自分の今の気持ち、こんな言葉で言語化できます

ここでは、自分の気持ちを表すのに便利な、大和言葉や格調の高い言葉を紹介していこう。これらの言葉を使えば、多少下世話な感情さえ、上品に表すことができるはず。

喜び・好意・感動

□**ときめく**……「ときめく」は、期待や喜びで、胸がどきどきすること。「期待に胸がときめく」「喜びに胸がときめく」など、「うれしい」の代わりに使うことができる。「時めく」（時流に合って、もてはやされる）とは違う言葉なので注意。

□**満ち足りる**……十分に満足することで、「満ち足りた気分」「満ち足りた生活」などと使う。その否定形の「満ち足りない」は不満の婉曲表現で、小さな不満や

ぼんやりした不安を抱えていることを言語化するのに便利。

□喜ばしい……うれしい、愉快、満足といった心情を大人っぽく言語化するのにふさわしい形容詞。「まことに喜ばしいことで」「こんな喜ばしいことはありません」などと使う。「この喜ばしい日に」といえば、結婚式の挨拶の定番フレーズ。

□この上もない……これに優るものはない、最もよいという意味。「この上もないお話と存じます」などと使う。なお、「この上は〜」はまったく意味の違う言葉で、「こういう事態になったからには」と、ネガティブな局面で用いる語。

□思いを馳《は》せる……「思いを馳せる」は、「好きな大和言葉は何ですか？」といったアンケートがあると上位に選ばれることの多い言葉で、意味は「想像する」。ただし、熟語では表せない親しみや思いやりを含んでいる。なお、「馳せる」の本来の意味は、馬などを走らせることで、「思いを走らせる」という意になる。「在りし日の姿に思いを馳せる」などと使う。

□**心を寄せる**……いろいろな意味に使われる言葉だが、本来は、好意を抱く、好きになるという意味。今は、熱中する、思いやるという意味でも使われている。

□**いつくしむ**……「愛する」「可愛がる」「大切にする」といった気持ちを一言で表せる言葉。「愛娘をいつくしむ」「わが子をいつくしむ」など。「うつくしむ」という古語が変化した言葉。漢字では「慈しむ」と書く。

□**いとおしい**……可愛く、大事に思うこと。漢字では「愛おしい」と書く。なお、「いとしい（愛しい）」は「いとおしい」から派生した言葉で、同じ意味。

□**恋い慕う**……男女の間で、恋しく思うこと。「ひそかに恋い慕う」など。また、「今はなき母を恋い慕う」など、懐かしく思う気持ちを表す場合もある。

□**心躍《おど》る**……期待で胸がはずむ。「今から、心躍る思いがしております」などと使う。なお、漢字で書くとき、「心踊る」と書かないように。

□**心に響く……**心に印象深く伝わってくる、感動する、共感する、という意味で、「心に響く歌声」などと使う。「心を打つ」「心に染みる」も同様の意味で、「心を打つ言葉」「心に染みるお話」などと用いる。「心に刺さる」も、やや俗語的ではあるが、近年、同様の意味で使われることが増えている。

□**心を奪われる……**夢中になるさま。心を強くひきつけられ、ほかのことが目に入らないさま。「あまりの美しさに心を奪われる」など。

□**胸に迫る……**「胸」は大和言葉では、ほぼ「心」の同義語として使われることが多い。「胸に迫る」もそのひとつで、「心に迫る」と言い換えることができる。意味は、強く感じる、感動する、ある思いで胸がいっぱいになる。「万感胸に迫るものがあった」が定番の使い方。

□**琴線《きんせん》に触《ふ》れる**……本来は「感動や共鳴する」ことだが、「怒りを買う」ことだと誤解している人が多い言葉。

前向きな感情

□**なごむ**……気持ちがやわらぎ、落ちつくこと。「気持ちがなごむ」「なごんだ雰囲気」など。

□**清々《すがすが》しい**……さわやかで、気持ちがいいこと。「清々しい気持ちになる」など。なお、名曲『シクラメンのかほり』の歌詞にある「清《すが》しい」は、「こんな言葉はない」「いや、文語にはある」と、かつて論争を巻き起こした。少なくとも、現代語の辞書には載っていないので、真似て使うのは避けたほうがいい。

□**身に染みる**……深く感じ入る、しみじみと感じる。「お情け、身に染みました」「身に染みるお話」「人の優しさが身に染みる」などと使う。「身に沁みる」とも書く。

□**胸に刻《きざ》む**……しっかりと受け止め、忘れないでおくこと。「心に刻む」も同じ意味。「在《あ》りし日の面影を胸に刻む」など。

□**胸がすく**……心のつかえがなくなる、すっとするという意。「胸がすく逆転劇」「胸がすくような結末」など、エンディングに関して使うことが多い。

□**胸を撫で下ろす**……ほっとする、安心する。「安堵の胸を撫で下ろす」が定番の使い方。「無事だったという連絡を受けて、安堵の胸を撫で下ろす」など。

感謝・いたわり・ねぎらい

□**おかげさま**……相手の親切や思いやりに対して、感謝の気持ちを伝える言葉。「御蔭」は、もとは神仏の加護を表す言葉で、それに「様」をつけて敬語化している。「おかげさまで」をさらに丁寧にしたのが、「おかげさまをもちまして」という大人の大和言葉。

□お聞き届け……「聞き届ける」は、単に「聞く」ことではなく、「注意して聞く」という意味。「お聞き届け」は、相手が注意して聞いてくれたことへの感謝を表す言葉で、「お聞き届けくださり、ありがとうございました」のように使う。

□ひとかたならぬ……大人の社交辞令に欠かせない大和言葉。普通ではない、ひととおりではないという意味で、「その節は、ひとかたならぬお世話になり〜」が定番の使い方。漢字では「一方ならぬ」と書く。

□願ってもない……相手からの提案や誘いを快諾するときに使う。「願ってもないお話です」など。このバリエーションに「願ったり叶ったりのお話です」がある。

□**かたじけない**……感謝に堪えない、ありがたいという意味で、お礼メールや礼状用に知っておきたい言葉。「ひとかたならぬお世話になり、かたじけなく存じます」「ご懇情、かたじけなく思っております」などと使う。漢字では「忝い」と書く。

□**痛《いた》み入《い》る**……相手の親切に対して、恐縮するという意味で、これもお礼メール、礼状用に知っておきたい言葉。「お気遣い、痛み入ります」「ご親切、痛み入ります」など。

□**お手を煩《わずら》わせる**……「手を煩わせる」は、人の世話になることで、それを謙譲語化したのが、「お手を煩わせる」。「お手を煩わせて、恐縮に存じます」など。

□**もったいない**……現代では、無駄にするのが惜しいという意味で使われている形容詞だが、もとは畏れ多い、ありがたいという意味。敬語では、今もその意味で使われ、「もったいないお言葉」「もったいない御配慮」のように用いる。

□**いたわり**……思いやり。「いたわりの言葉をかける」などと使う。漢字では「労り」と書く。動詞の「いたわる」は、思いやりの気持ちをもって接すること。

□**ねぎらい**……相手の苦労や努力に対して、敬意を払ったり、感謝したりすること。「ねぎらいの言葉をかける」が定番の使い方。漢字では「労い」と書く。「労り」と混同しないように。

□**おいといください**……「いとう」には、嫌う、避けるという意味のほかに、いたわる、大事にするという意味もある。見出し語の場合はその意味で、「どうぞ、お体をおいといください」などと使う。

□**お体に障《さわ》る**……「障る」には、体の害になるという意味がある。会話では、「お体に障りませんように」と敬語化して使うことが多い。

落ちつかない・心配だ・困っている・心が晴れない

□**心急《せ》く**……気持ちばかりが焦って落ちつかない状態。「いささか、心急くことがございまして」など。「心忙《せわ》しい」も同様の意味。「近頃、心忙しく過ごしております」など。

□**居たたまれない**……それ以上、その場にとどまっていられない気持ちを表す言葉。「恥ずかしくて居たたまれない」「居たたまれない気持ち」などと用いる。漢字では「居た堪れない」と書く。

□**とまどう**……どう対処していいか、迷う。まごつく。大人語としては、「不本意である」「困っている」の婉曲表現として使われ、「今回の事態には、いささかとまどっている次第です」などと用いる。

□**心がかり**……気になること。気がかり。「心がかりに思う」「母のことが心がかりだ」など。漢字では「心懸かり」とも「心掛かり」とも書く。

□**気忙《きぜわ》しい**……せかせかして落ちつかないさま。「気忙しい毎日」など。「忙しい」は普通「いそがしい」と読むが、「せわしい」とも読み、「気」とセットになったときは「きぜわしい」と読む。

□**身につまされる**……人の不幸が自分のことのように感じられること。「つまさる（つまされる）」は文語の動詞で、心を強く動かされるという意味。「とても、人ごとではありません。身につまされる思いがします」が定番の使い方。

□**胸を痛める**……心配する、心を悩ませる。「息子の将来に胸を痛める」など。「心を痛める」に言い換えることができる。なお、「〜を傷める」と誤変換しないように注意。

□**物憂《ものう》い**……心が晴れないこと。この「物」に物体という意味はない。「物寂しい」「物悲しい」など、「物」は形容詞に接頭語としてつくと、「なんとなく」という意味をつくる。「物憂い」も、そのひとつ。

□**由々《ゆゆ》しい**……容易ならない、重大である、という意。「由々しい事態」など、ネガティブな意味に使われることが多い形容詞だが、まれに「すばらしい」という意味でも使われ、それも間違いではない。

□**わだかまる**……心が晴れ晴れしない、不満が残っている、という意で、「まだ、わだかまりが残っている」「不満がわだかまる」などと使う。漢字では「蟠る」と書き、もともとの意味は蛇がとぐろを巻くこと。

□**もどかしい**……物事が思うように進まず、いらいらすること。大人語としては「気にいらない」の婉曲表現として使われる。「ご連絡がないことを、もどかしく思っています」といえば、「連絡が遅い！」という意味。

□**忍《しの》びない**……がまんできない、堪えられないという意。「聞くに忍びない」「見るに忍びない」「捨てるに忍びない」の三つが、定番の使い方。

□**おこがましい**……身の程知らずで図々しい。差し出がましく、気恥ずかしい。「私が申し上げるのもおこがましいのですが」など。漢字では「烏滸がましい」。

□**食傷《しょくしょう》**……同じことを繰り返されて嫌になること。「その手の噂話には、食傷気味です」など。もともと「食傷」は胃がもたれることを意味する。それは、食べ飽きたからでもあり、そこから、現在の意味になった。

恥ずかしい・悲しい・かわいそう・辛い

□**面映《おもは》ゆい**……顔を合わせることが恥ずかしい。照れ臭い。「面映ゆく思う」など。また、「映ゆし」だけだと、まばゆいと同じ意味で、顔を合わせることがまばゆく感じられること。

□**恥《は》じらう**……恥ずかしく思うこと。「頬を染めて恥じらう」など。「花も恥らう美人」は、美しい花でさえ、恥ずかしく思うほどの美人という意。「羞じらう」とも書く。

□**やる瀬《せ》ない**……思いを晴らすことができず、切なく思う気持ちを表す語。漢字で書くと「遣る瀬無い」で、〝直訳〟すれば、とるべき方法がないという意味。

□**物悲しい**……「悲しい」に「物」をつけると、涙を流すような悲しさではなく、「切ない」というニュアンスが濃くなる。ほかにも、前述した物憂い、物思いなど、「物」をつけると、切ないというニュアンスが加わることが多い。

□**うら悲しい**……形容詞に「うら」をつけると、より大和言葉らしくなるうえ、表現に深みが加わることが多い。「うら悲しい」は、物悲しい、なんとなく悲しいという意味で、「うら悲しい秋の夕暮れ」「うら悲しい音楽」「うら悲しいストーリー」などと使う。なお、「うら」は、漢字では「心」と書く。

□**うら寂しい**……こころ寂しい、なんとなく寂しい。「うら寂しい場末《ばすえ》の町」「うら寂しい冬枯れの風景」などと使う。

□**うら恥ずかしい**……気恥ずかしい、なんとなく恥ずかしく思う。「光栄と思う一方、うら恥ずかしくもある」など。

□**惻隠《そくいん》の情《じょう》**……人をあわれみ、かわいそうに思うこと。「惻」にも「隠」にも「あわれむ」という意味がある。『孟子』によると、人間は「惻隠」や善悪の分別をする「是非」など、四つの感情をもつという。それが、孟子の「性善説」の根拠になっている。

□**断腸《だんちょう》の思い**……腸がちぎれるほど、辛く悲しい思いをすること。「断腸の思いで、今回はあきらめましょう」など。

□**塗《と》炭《たん》の苦《くる》しみ**……「塗」は泥水、「炭」は炭火のことで、泥水を浴びせかけられたり、炭火で焼かれるような、苦しみのこと。出典は『書経』で、夏の傑王の行状について書かれた「有夏昏徳にして民塗炭に墜つ」という言葉に由来する。傑王の時代、人々は泥にまみれ、炭火で焼かれるほどの苦しみを味わったという意味。

□**涙を呑む**……無念さを耐え忍ぶ。「涙を呑んで、あきらめます」など。

申し訳ない

□**合わせる顔がない**……面目なくて、その人の前に出られない。「合わせる顔がないとは、このことで」が定番の使い方。「顔向けができない」も同様の意味。

□**遺憾《いかん》に思う**……残念に思う。「誠に遺憾に思います」など。

□**面目次第《めんぼくしだい》もない**……面目を失い、まことに恥ずかしいさま。「面目次第もございません」など。なお、「面目を施す」は反対に体面を損なわずにすむこと。

□**身の縮《ちぢ》む思い**……体が小さくなるほど、恐れ入ること。「ご迷惑をおかけしたこと、身の縮む思いで反省しております」など。

□**取る物も取りあえず**……大急ぎで。持っていくべき物もとることなく。「取る物も取りあえず、お詫びに参上した次第です」など。

□**不徳《ふとく》の致《いた》すところ**……自分に徳がないという意味。謝罪の場面では、「今回の不始末、私の不徳の致すところと反省しております」などと用いる。

□**赤面の至り**……ひじょうに恥ずかしく思っているさま。「年甲斐もなく、赤面の至りでございます」など。「汗顔の至り」も同様に使う言葉。

□穴があったらはいりたい……身を隠してしまいたいほど、恥ずかしい。本格的な謝罪ではなく、恥ずかしいときなどに「穴があったらはいりたいくらいで」と冗談めかして使うことが多い。

□心苦しい……申し訳なく思う。気がとがめる。「まことに、心苦しく存じております」「心苦しくは思いますが、今回はご遠慮させていただきます」など、断りや軽めの謝罪でよく使われる言葉。

2　どんな心理状態でも、言葉にすれば冷静になれる

いろいろな心の状態

□**噴飯物《ふんぱんもの》**……本来の意味は「おかしくてたまらない」ことだが、「腹立たしくてしかたがない」という意味だと思っている人が少なくない言葉。噴飯と憤慨を混同してのことか。

□**せんかたない**……なすべき方法がない、しかたがないという意味。漢字では、今は「詮方無い」と書くが、これは後世の当て字で、本来は「為ん方無い」と書く。「せんかたないこととは思いますが」は、何らかのトラブルに関して、不可抗力であって、相手のせいではないといいながら、やんわり責任を追及するための前置き。

□**胸を突く**……この語には、二つの意味があって、ひとつは、驚く、はっとすることで、「友人の言葉に胸を突かれる」などと使う。もうひとつは、感情がこみあげることで、「寂しさが胸を突く」などと用いる。

□**こいねがう**……単なる「願う」よりも、強く願うというニュアンスがある言葉で、漢字では、「希う」や「冀う」と書く。「こいねがわくは」は「(切実に)願うことには」という意味。

□**含みのある**……この「含み」は、言葉の裏に隠されていることを表す。「含みのある言い方」や「含みを持たせた表現」などがよくある使い方。

□**含むところがある**……この「含む」は、前項とは違って、内心にかかえている怒りや恨み、不満、嫉妬心などを表す。「含むところがある物の言い方」など。

□ぞっとしない……「恐ろしくない」という意味だと思っている人も多いが、正しい意味は「面白くない」。

□所在ない……何もすることがなく、退屈なさま。「話し相手もなく、所在なく一日を過ごした」など。所在とは居場所のこと。居場所がなければ、時間を有意義に使うことはできない。そこから、手持ち無沙汰で退屈という意味になった。

□辟易《へきえき》……相手の勢いなどに対して、対応の仕様がなく、うんざりすること。「辟」には「避ける」、「易」には「変える」という意味があり、辟易の原義は、相手を避けて道を変えること。

□二の句が継げない……驚き呆れて次の言葉が出てこないこと。漢詩や和歌の朗詠では、初めの区切りまでを「一の句」、次の区切りまでを「二の句」と呼ぶ。朗詠する際、一の句から二の句に移るときに音が高くなり、二の句がうまく詠めなくなることがあった。そこから生まれた言葉。

□**憮然《ぶぜん》**……本来の意味は「失望してぼんやりしている様子」だが、「腹を立てている様子」という意味に使う人が多い熟語。

□**気色《けしき》ばむ**……「〜ばむ」は「汗ばむ」「黄ばむ」などと使うように、名詞についてその状態が現れるという動詞をつくる言葉。「気色ばむ」の「気色」は機嫌という意味なので、「ばむ」がつくと、怒った様子が表情や態度に現れるという意味になる。

□**度《ど》し難《がた》い**……「救い難い」という意味。「済度《さいど》し難い」が変化した言葉で、「済度」は人を苦海《くかい》から救い出すという意味。「済度し難い」が縮まって、救い難いことを意味する「度し難い」という言葉が生まれた。

□**鼻白む**……興ざめするさま。「白む」は「空が白む」など、単独では「しらむ」と読むが、「鼻白む」は「はなじろむ」と読む。

「心」が入った言葉

□**心尽《こころづ》くし**……「心尽くし」は、精魂を込めて、できるかぎりのことを行うさま。真心を尽くして、事に当たるさま。もてなし、贈り物、料理などに使うことが多く、「お心尽くしの一品」「心尽くしの手料理」など。

□**心を砕《くだ》く**……前項と意味の似た言葉で、いろいろと気を遣うさま。「心を砕いて、お客をもてなす」などと使う。ただし、苦心する、心配するという意味でも使われるのが、「心尽くし」とは違うところで、こちらの意味では「子供の教育に心を砕く」などと用いる。

□**心配り**……配慮、気遣い、気働き。「温かい心配り」「いろいろと心配りをする」などと使う。熟語の「心配」にも、もとは心配りという意味があったが、今はその意味は消えて、不安、気がかりという意味で使われている。

□**心立《だ》て**……気立て、性格。「心立てのいい娘」「心立てがやさしい人」などと使う。「心根」や「心ばえ」も同様の意味で、「心根がいい」「心ばえがやさしい」など。

□**心ならずも**……不本意ながら。やむをえず。「心ならずも、ご辞退いたしたく存じ～」などと、断りのフレーズに使うことが多い。一方、「心ならずも引き受ける」「心ならずも承諾する」のようにも使うことができる。

□**心ゆく**……思う存分、十分満足のいく、気がすむ。「心ゆくまで本場の味を楽しむ」など、今は「心ゆくまで」の形で使うことが多い。

□**心ある**……思慮分別がある、道理を弁《わきま》えている、良心がある。「心ある人々の集まり」「心ある人々は嘆いている」など。対義語は「心ない」で、「心ない仕打ち」などと用いる。

□**心安い**……親しみがあって、気心が知れている、遠慮がいらない、懇意にしている。「心安い間柄」「心安くお付き合いさせていただいています」など。

その様子、あの態度は、こんな言葉で表現できる

□**わいわい**……「わいわい」は、騒々しさをポジティブに表す言葉。「みんなで、わいわいがやがや、楽しくやっております」など。かつて、本田宗一郎氏健在の時代のホンダの風通しのいい社風は、「わいわいがやがや」を略した「わいがや」という言葉で言い表された。

□**しみじみ**……漢字では「染み染み」や「沁み沁み」と書き、心に深くしみるさまを表す。単に「このところ、思うのですが」というより、「このところ、しみじみ思うのですが」と前置きしたほうが、相手に耳を傾けさせる効果がある。

□**さばさば**……この語には、二つのポジティブな意味がある。ひとつは、物事に

こだわらないさまで、「さばさばした人」などと使う。もうひとつは、物事が片づいたりして気分が爽快なさま。「かえって、さばさばしました」「さばさばした表情」など。

□**バタバタ**……「うちわをばたばた扇ぐ」など、騒がしく音を立てる意味にも使うが、大人語として使えるのは、忙しいさまの形容として。「このところ、バタバタしておりまして」といえば、大した仕事をしているわけでもないのに、慌ただしいと、謙遜のニュアンスをまじえながら、近況を伝えることができる。

□**きびきび**……オノマトペには、社交辞令の効果を高める言葉が数多くある。この語もそのひとつで、相手の働きぶりなどに関して、お世辞の効果をアップすることができる。たとえば、「従業員の皆様の働きぶり、感動いたしました」というよりも、「従業員の皆様のきびきびとした働きぶり、感動いたしました」といったほうが、より相手に響くほめ言葉になる。

□**うきうき**……漢字で書けば「浮き浮き」で、心が弾むさま。相手からの誘いには、「今から楽しみで、うきうきしています」と応じるのが、大人の社交辞令。

□**すらすら**……物事がスムーズに進行するさま。「さすが、すらすらと進んでいるようですね」「何を聞いても、すらすらと答えるんですから」などと、ほめ言葉に使える。

□**めきめき**……大きな進歩や成長ぶりを表す言葉で、「めきめき上達する」が定番の使い方。ほぼ、ほめる専用の言葉であり、自分のことに「このところ、めきめきうまくなりましてね」などと使うのは、変。

□**いきいき**……漢字で書けば「生き生き」で、活力に溢れるさま。「お元気そうですね」という当たり前すぎる常套句よりも、「いきいきとされていますね」のほうが、社交辞令としては効果がある場合もある。

□**はきはき……**言葉や態度の歯切れがよいさま。ただ、「はきはきとした子供」という定番の使い方があるため、大人に対して使うのは、やや不似合い。若手社員に使うのはまだしも、自分よりも年長の人に対しては使わないほうがいい。

どういう態度かわかりますか

□**ひたむき……**ある物事や目的に心を向けている様子を表し、「ひたむきに打ち込む」「ひたむきな態度」などと使う。「ひたむきに取り組む」といえば、単に「真面目に取り組む」というよりも、ほめ言葉としてより効果的。漢字では「直向き」と書く。

□**つつがなく……**無事に、何事も起きずに、という意味で、「つつがなく過ごしております」が定番の使い方。寄生虫の「恙虫《つつがむし》」がいないことを語源とする。

□**けなげ……**殊勝なさま。おもに、子供や若い女性の気丈な態度や振る舞いに対して、「けなげな態度」「けなげな振る舞い」などと使う。漢字で書くと「健気」。

□**おずおず**……漢字では「怖ず怖ず」と書き、恐れたり、遠慮しながら振る舞うさま。「おずおずと質問する」など。なお、「おめおめ」は「怖め怖め」と書く。こちらは「怖《お》む」の連用形を重ねた言葉で、恥であるとはわかっていてもという意味。

□**そこはかとなく**……「そこはかと」は漢字では「其処は彼と」と書き、「そこはこうである」という意味で、はっきりしていること。それが「ない」のだから、「はっきりとはわからない」という意味になる。たとえば、「そこはかとなく聞こえてくる」は、「はっきりとはわからないが、どこからともなく、聞こえてくる」という意味。「かすかに」という意味で使うのは、厳密にいうと誤用。

□**奥ゆかしい**……上品で慎み深い、という意で、「奥ゆかしさを感じさせる物腰」などと使う。漢字では「奥床しい」と書くが、「床しい」だけでも奥深い上品さを意味する形容詞。

□**まめまめしい**……骨惜しみせずに、せっせと働くさま。「まめまめしく働く」など。漢字では「忠実忠実しい」と書くように、やり手というよりも、真面目でよく努《つと》めているというニュアンスがある。

□**やにわに**……急に、いきなり、たちどころにという意味。漢字では「矢庭に」と書き、「矢庭」は矢の飛び交う場所、つまりは戦場を意味する。戦場では、すばやい行動が求められるところから、「即座に」という意味になった。

□**まんじりともせず**……本来の意味は「眠らないで」だが、文化庁の調査では51・5％もの人が「じっと動かないで」という意味だと思っていた言葉。

□**おもむろに**……本来の意味は「ゆっくりと」だが、文化庁の調査では40・8％の人が「不意に」という意味だと思っていた言葉。「おもむろに起き上がる」はゆっくり起き上がるという意味。

□**やおら**……本来の意味は「ゆっくりと」。それなのに、文化庁の調査では30・9%の人が「急に」「いきなり」という意味だと思っていた言葉。

□**ゆるりと**……くつろいでいるさまを表す言葉で、「ごゆるりとお休みください」などと使う。また、「ゆるりと参ろう」のように、ゆっくりと、急がずにという意味で使う場合もある。漢字で書くと「緩り」。

□**たおやか**……しとやか、上品、優美といった意味合いを一言で表す言葉。「たおやかな女性」「たおやかな身のこなし」などと使う。漢字では「嫋やか」と書く。

□**すこやか**……元気、健康という意味だが、相手をいつくしむ気持ちがこもる言葉。とりわけ、子供の健康な様子に対して、「すこやかに育つ」などと使われる。

□凜々《りり》しい……きりっと引き締まっているさま。「凜々しい顔だち」「凜々しい若武者」などと使う。勇ましい若者に似合う形容詞。

□艶《あで》やか……美しく、華やか。「色気がある」というニュアンスを含んでいる。現代の感覚でいえば、20代後半以降の女性に使うのがふさわしく、20代前半の女性に使うのは、少し早い言葉。「艶やかに微笑む」「艶やかな衣装」など。

□しとやか……物静かで上品。慎み深く、落ちついているさま。「しとやかな振る舞い」「しとやかな印象」などと使い、「お」をつけて「おしとやか」という形で使うことも多い。漢字で書くと「淑やか」。

□雅《みや》びな……大きく分けて、二つの意味がある。ひとつは、宮廷風であることで、「宮中の雅びな催し」などと使う。もうひとつは、上品で優美なことで、「雅びな服装」「雅びな振る舞い」などと用いる。

□つつましい……慎み深い、遠慮深い、控えめであるという意。似た言葉の「つましい」と同様、暮らしぶりが地味で、質素であるという意味もある。なお、「つつましい」や「つましい」はポジティブな質素さを意味し、「貧乏」や「貧しい」といったネガティブな意味ではないので注意。

□華のある……華やかなこと。「花のある」とは書かないように。男女の別なく使えるほめ言葉で、「華のある性格」「華のある芸風」など。

□小気味《こきみ》よい……痛快である、あるいは鮮やかという意味。「小気味よくやっつける」や「小気味よい啖呵《たんか》」というと、「痛快」の比重が高く、「小気味よいプレーぶり」「小気味よく技が決まる」というと、「鮮やか」に近い意味になる。

Step4
言語化力のある人は、教養の日本語をストックしています

1　その「主義」、あの「法則」はどう呼ばれている？

あれは、そういう「人」だったんだ

□**オポチュニスト**……機会主義者、日和見主義者、ご都合主義者。「うちの課長はオポチュニストだから」など。「オポチュニズム」は、自分の考えを持たず、大勢に従って意見を変えること。

□**ラジカリスト**……過激派、急進主義者。「ラジカル」は、根本的なという意味で、そこから徹底している、過激である、急進的であるという意味が生じた。「ラジカルすぎる意見」「ラジカルな考え」などと使われる。

□**ラショナリスト**……「ラショナル」は合理的という意味で、合理主義者のこと。

「ナショナリスト」（国家主義者）とは、まったく意味の違う言葉なので注意。

□**リビジョニスト**……修正主義者。具体的には、これまで正統とされてきた学説や見解に異議を唱える人、歴史観に修正を迫る人を指す。

□**ファンダメンタリスト**……原理主義者。イスラム教だけでなく、キリスト教にもいて、聖典の記述を絶対的に信仰する人々を指す。また、頭が固く、融通のきかない人を揶揄的にこう呼ぶこともある。「彼は、ファンダメンタリストだからねぇ」など。

あれは、そういう「主義」だったんだ

□**セクショナリズム**……ひとつの部門に閉じこもり、他を排除する傾向。要するに「縄張り根性」のこと。組織内にあって、自分たちの権利・権益を守るため、国、役所、企業など、あらゆる組織で起こりうる現象。

□**スノビズム**……俗物根性。教養人ぶった態度のこと。あるいは、軽薄な流行を追いかけるような趣味を意味する。これが、フランス語になると、スノビスムと濁らせずに発音する。

□**アナクロニズム**……時代錯誤。現代では受け入れられない時代遅れの思想、行動、感覚などで、「アナクロ」と略される。「そんなアナクロな話、これ以上聞いていられないよ」など。

□**ペシミズム**……厭世主義。悲観主義。ラテン語で「最悪」を意味する言葉から派生した言葉で、世の中を悲観的にみる考え方のこと。「その見方は、ペシミズムに傾きすぎているのではないか」などと使う。対義語はオプティミズム（楽観主義）。

□**プラグマティズム**……その知識が真理かどうかは、それが現実の中で有効かどうかで決まるという考え方。一般的には「役に立つものなら何でも使う流儀」「理論よりも現実」といった意味で使われている。そもそもの語源は「行動」を意味するギリシャ語。

□**ネポティズム**……身内を政治的に登用する一族政治。同族登用。縁故者をひいきにして、公職などに採用すること。

□**バンダリズム**……蛮行、芸術・文化に対する破壊行為。5世紀、ゲルマン民族の大移動の際、バンダル族がローマを破壊したことから。最近は「ヴァンダリズム」とも表記し、「バ」か「ヴァ」か、まだ定まってはいない。

□**オクシデンタリズム**……オクシデントは「西洋」のことで、形容詞の「オクシデンタル」にイズムがつくと、西洋風、西洋崇拝、西洋趣味、西洋気質といった意味になる。対義語はオリエンタリズム。

初耳では少し恥ずかしい「法則」

□**パレートの法則**……イタリアの経済学者パレートが提唱した法則で、経済活動などでは、2対8に分かれることが多いという法則。たとえば、ひとつの組織では、2割の優秀な働き手と8割のそうではない人々がいることなど。いわゆる「2：8の法則」。

□**ハインリッヒの法則**……1件の重大事故の裏側には、29件の小さな事故があり、そのまた背後には300件の異常があるという法則。ハインリッヒは、1929年にこの法則を発表したアメリカの損保会社の副部長の名。別名「ヒヤリハットの法則」ともいわれる。

□**パーキンソンの法則**……英国の政治学者パーキンソンが提唱した法則。「役人の数は、仕事の量とは無関係に増え続ける」という〝要約〟がよく知られているが、ほかにもいくつかの法則がある。

□ピーターの法則……1969年、アメリカの教育学者ローレンス・J・ピーターが提唱した法則。人は、組織内で、自分の能力の限界まで出世するため、組織の上部は、その地位が要求する水準には達しない無能者で埋められるという法則。

□メラビアンの法則……メラビアンは、アメリカの心理学者の名。コミュニケーションにおいて人が受け止める情報は、相手の話の内容などの言語情報が7%、口調や話す速さなどが38%、見た目などの視覚情報が55%という実験結果を指す。要するに、38＋55＝93%で、〝人は見た目が9割〟というわけ。

□3Bの法則……広告で、人の目をひくといわれる要素。「3B」とは、Beauty（美人）、Baby（赤ちゃん）、Beast（動物）の略。〝美人〟の動物の赤ちゃんである上野のパンダの赤ちゃんなどは〝鉄板〟の素材ということになる。

□**ジャネの法則**……ジャネは19世紀のフランスの哲学者の名。「同じ長さの時間でも、若い者ほど長く感じ、年とった者は短く感じる」という法則。「ジャネーの法則」とも表し、彼の名の書き方とともに、まだ定まっていない。

初耳では少し恥ずかしい「効果」

□**ヴェブレン効果**……購入するものが高価であればあるほど、それを手に入れること自体に特別の価値や欲求が生まれる現象。そのため、人はあえて値段の高い商品を選ぶことがあり、高価なブランド商品がよく売れるのは、この効果が働いているからといえる。ヴェブレンは、アメリカの社会学者の名。

□**ゴーレム効果**……人に対して悪印象を抱くと、実際に相手が悪い人になっていくという現象。たとえば、教師が生徒に対して頭が悪いと思って接すると、成績が下がっていくような現象を指す。ピグマリオン効果（期待をかけて接すると、実際に成長していく効果）の反対の現象。ゴーレムは、ユダヤ教の伝承に登場する動く泥人形の名。

□**バタフライ効果**……蝶のはばたきのような小さな動きが、波及・拡大し、多大な影響を及ぼすようになる効果。わずかな変化が、その後の状況、状態を大きく変える現象を指す。「蝶がはばたくほどの小さな攪乱《かくらん》要因が、遠方の気象に影響を与えるか？」という内容の講演のタイトルに由来する言葉とみられる。

□**シャワー効果**……デパートの最上階で催し物などを行って集客すると、シャワーの水のように上階から下に降りてゆくお客が「ついで買い」をして、店舗全体の売り上げが伸びる効果。反対に、デパ地下にお客を呼び、地下から上階にお客が移動していくことを「噴水効果」と呼ぶ。

□**アナウンス効果**……選挙などで、事前の予想が人々の投票行動に影響を与え、結果を左右する効果。たとえば、優勢と報道されると、相手候補への判官びいきから、意外に苦戦することになるなど。

□**ウェルテル効果**……自殺に関する報道に影響されて、自殺者が増える現象。とりわけ、有名人、タレントなどの自殺が、一般人の自殺を誘発する効果。アメリカの社会学者が指摘した現象で、ゲーテの『若きウェルテルの悩み』にちなむネーミング。この作品では、ウェルテルが自殺することから。

□**カリギュラ効果**……禁止されるほど、見たくなる、やってみたくなるという心理傾向。映画『カリギュラ』（1980）が、過激な内容から一部地域で上映禁止になったことで、かえって世間の注目を集めて、大ヒットしたことに由来するネーミング。

□**ツァイガルニク効果**……ツァイガルニクは、旧ソ連の心理学者の名。ツァイガルニク効果は、「人は達成できなかった事柄、中断した事柄は、達成できた事柄よりも、よく覚えている」という心理効果。たとえば、未完に終わった恋愛をいつまでも忘れない、というような心理現象を指す。

初耳では少し恥ずかしい「現象」

□**コートテール現象**……選挙で、リーダーに人気があると、その影響力で、有力ではない候補者まで当選する現象。男性のフロックコートの後ろ裾が長いことに由来するネーミング。

□**ストロー現象**……新幹線や高速道路などが開通すると、地元客を大都市圏に奪われ、地方の活力がますます下がっていくという現象。新交通機関がストローとなって人、モノ、資産などが吸い取られるイメージから名づけられた。

□**ウィンブルドン現象**……門戸開放政策によって、外国勢が勢いを増し、地元勢が淘汰される現象。英国で開催されるテニスのウィンブルドン選手権で、世界中から強豪が集まり、英国選手が勝てなくなったことから。

□**ブロッケン現象**……山の上で、自分の影が雲に大きく映る現象。太陽光が背後からさしこみ、雲粒などによって、光が拡散することによって起き、「ブロッケンの妖怪」ともいわれる。「ブロッケン」はドイツ中部の山（標高1142メートル）の名。

初耳では少し恥ずかしい「コンプレックス」「症候群」

□**エディプス・コンプレックス**……フロイトが提唱した精神分析用語。いわゆるマザコンのことで、男児が無意識のうちに母親に愛着を抱き、父親に敵意を抱く感情。「エディプス」は、ギリシャ神話に登場するオイディプスのことで、彼が父とは知らずに父を殺害、生母と結婚したという話にちなむ。

□**エレクトラ・コンプレックス**……精神分析用語で、女児が父親に対して性的な思いを寄せ、母親に対して反発する傾向。「エレクトラ」は、ギリシャ悲劇に登場する女性で、母親を殺害したとされる。

□**カイン・コンプレックス**……精神医学者のユングが使った精神分析用語。一般的には、兄弟間の心の葛藤、競争心や嫉妬を意味する。旧約聖書によると、兄カインと弟アベルが神に捧げ物をしたところ、神はアベルの捧げ物に目を留め、カインの捧げ物は無視した。すると、カインは怒りを爆発させ、弟を殺害したというエピソードに由来する語。

□**シンデレラ・コンプレックス**……女性が、自分の人生を変えてくれる〝王子様〟の出現を待つ依存傾向。アメリカの女性作家が提唱した概念で、童話『シンデレラ』のように、外界から訪れる何かが自分を変えてくれると思うような心理傾向を表す。

□**ピーターパン症候群**……パーソナリティ障害の一種で、年齢的には大人になっているものの、精神的には大人になりきれない男性を意味する。ピーターパンが永遠の少年であることから。１９８３年にアメリカの心理学者が提唱した概念。

□マクベス症候群……潔癖症。シェイクスピアの戯曲『マクベス』で、マクベス夫人が殺人を犯し、血塗られた手をしきりに清めようとする行為からのネーミング。

□ストックホルム症候群……誘拐や監禁事件の被害者が、しだいに犯人にシンパシーを抱きはじめる現象。1973年、ストックホルムで起きた銀行人質立てこもり事件で、犯人が寝ている間に、人質が警官に銃を向けるなどの現象が起きたことから。なお、ほぼ同じ意味の言葉に「リマ症候群」がある。これは、在ペルー日本大使館公邸占拠事件で、監禁された人々が犯人に同情的になった現象からのネーミング。

□青い鳥症候群……メーテルリンクの童話『青い鳥』のチルチルとミチルが、幸せの青い鳥を探しに出かけたように、現実を直視しないで、「もっといい何か」を探し求める人々を指す言葉。

2　教養のある人は、こういう言葉が頭の中に入っている

日本人だけが知らない世界標準の言葉

□**アリアドネの糸**……欧米では、ギリシャ神話やギリシャ哲学は〝標準装備〟の教養。そこで、ここには、古代ギリシャ発の有名フレーズをまとめた。見出し語の由来となった物語の主人公は、古代ギリシャの英雄テセウス。怪物ミノタウロスを退治するため、クレタ島を訪れたとき、女神アリアドネが〝糸〟を与えたという話にちなむ語。テセウスはその糸に導かれて、怪物を退治した後、迷宮から脱出することができたという。その故事から、「アリアドネの糸」は、問題解決の道しるべとなるものを指す。

□**テセウスの船**……前項に続いて、英雄テセウスの名が出てくる哲学的命題。物

体のすべての部品が置き換えられたとき、それは同じモノといえるのかどうかという命題で、同一性に関する思考実験を意味する。テセウスが怪獣を退治後、クレタ島から帰還する際に使った船には30本の櫂《かい》があったが、それらがすべて新しいものに置き換えられたという故事にちなむ。

□ヘラクレイトスの川……ヘラクレイトスは、「万物は流転する」という言葉で有名な古代ギリシャの哲学者。「ヘラクレイトスの川」は、前項と同様の同一性に関する命題で、彼は、「川はつねに違う水が流れているので、同じ川に二度と入ることはできない」と主張したと伝えられる。

□プロクルステスの寝台……これで、「むちゃくちゃなこじつけ」という意味の言葉。プロクルステスは、古代ギリシャの強盗の名。彼は、旅人を捕らえると、自分のベッドに寝かせて、背が高い者は体を切ってベッドのサイズに合わせ、背が低い者は体に重しをつけて無理やり伸ばして、やはりベッドの大きさに合わせた。そこから、自説を補強するため、都合のいい事実だけを切りとったりすることを意味する。

□**機械仕掛けの神**……古代ギリシャ劇の演出法のひとつで、エンディングで神が現れて、〝強制終了〟的に物語を終わらせる手法。その場面で、神を演じる役者がクレーンのような機械仕掛けで登場したことから、この名がある。むろん、ほめ言葉ではなく、現代の欧米では安易な解決法、ほめられた解決法ではないという文脈で使われる言葉。

□**カルネアデスの板**……古代ギリシャの哲学者カルネアデスが提示した、緊急避難に関する命題を意味する。「船が難破し、海に投げ出された男が板切れにしがみついたところ、もう一人の男がすがりついてきた。その板では二人の体重を支えられないため、先の男は、後からきた男を突き飛ばし、水死させた。彼の行為は許されるのか?」……という緊急避難をめぐる思考実験であり、古今東西、ミステリー小説、法廷劇などのテーマになってきた命題。

□イカロスの翼……イカロスは、ギリシャ神話上の伝説的な大工ダイダロスの息子。親子は塔に幽閉されるが、鳥の羽を蝋《ろう》で固めた翼をつくって、空を飛び、脱出に成功する。その後、イカロスは、父の警告に従わず、空高く飛ぶ。すると、太陽熱によって蝋が溶けて翼はこわれ、イカロスは墜落死した。そこから、身のほどを知らない者は破滅するという文脈で使われてきた言葉。

□プロメテウスの火……プロメテウスは、ギリシャ神話の神。大神ゼウスの反対を無視し、天界の火を盗み出して、人類に火をもたらしたという。火は人類に文明をもたらすが、同時に戦争や災厄を大きくする要因にもなった。そこから、「プロメテウスの火」という言葉は、現代では原爆や原発の暗喩としてよく使われている。

□シーシュポスの岩……日本でいう「賽《さい》の河原の石積み」と同様の意味で、「徒労」の代名詞。ギリシャ神話によると、シーシュポスは神々を欺いた罰として、巨岩を山の頂上まで押し上げるように命じられた。ところが、山頂まであと少しというところで、岩は底までころがり落ち、彼はその苦行を永遠に繰り返すことになったという。この神話から、フランスの作家カミュは『シーシュポスの神話』という随筆を書いた。

□ピュロスの勝利……ピュロスは、古代ギリシャの王の名。彼は、当時新興国だったローマの軍を撃破するものの、自軍の被害は大きく、またローマ軍は講和に応じなかった。そこから、「ピュロスの勝利」は、損害が大きく、得るものが少ない勝利という意味になった。今は、「割に合わない話」という意味でも使われている。

□ゴルディアスの結び目……とてつもない難問を思いもよらない方法で解決すること。数百年、誰もほどけなかったゴルディアス王が結んだ結び目を、アレクサンドロス大王が剣で断ち切ってほどいたという伝承に由来する語。「彼の登場が、問題を解決する『ゴルディアスの結び目』となった」など。

使いこなすと一目置かれる知的なワード

□ライナスの毛布……人のモノへの執着を表す言葉。スヌーピーでおなじみのマンガ『ピーナッツ』で、幼児のライナスがいつも毛布を持っていることに由来する。別名「安心毛布」。「ブランケット症候群」（特定のモノを持っていないと不安になる症候群）という言葉もある。「〇〇は、彼にとってのライナスの毛布なんだよ」などと使う。

□チェーホフの銃……チェーホフは、ロシアの劇作家・小説家。彼は、手紙などで、次のように言及している。「誰も発砲すると考えもしないのであれば、弾を装填したライフルを舞台上に置いてはならない」。つまり、ストーリーに無用の要素を持ち込んではならないという作劇上の心得。「それは、チェーホフの銃になるんじゃないの？」など。

□**燻製《くんせい》ニシンの虚偽**……これも、ドラマの筋立てをつくる技術のひとつで、ミス・ディレクションのこと。推理小説などで、読者の注意を真犯人からそらせるため、ニセの手掛かりをおくことを意味する。燻製ニシンの臭いによって、猟犬の注意がそらされることに由来する。

□**親殺しのパラドックス**……タイムトラベルに関する命題。タイムマシンで過去に行き、自分の親を殺すと、自分は生まれてこないので、親を殺すことはできない。一方、自分が生まれてこなければ、親は殺されないので、やがて自分が生まれ、親を殺すことになるという矛盾。1943年、バルジャベルというフランスのSF作家が、このパラドックスを最初に小説化した。

□**自己言及のパラドックス**……別名「嘘つきのパラドックス」。「私は嘘つきです」という言葉が真実なら、私は嘘つきになるので、この言葉は嘘ということになり、嘘つきであるという前提が崩れてしまう。一方、この言葉が嘘なら、私は嘘つきではないので、この言葉は真実ということになってしまう……というように、真偽を決められない論理の矛盾が続く状態を表す。

□**ハーメルンの笛吹き男**……グリム童話で有名になった民間伝承。1284年、一人の男が笛の音でネズミをおびきよせ、川で溺死させて駆除した。ところが、町人たちは、男に約束した報酬を支払わなかった。すると、男は再び現れたとき、笛を吹いて今度は子供たちを連れ去った。この話から、日本では「物事を主導し、人々をリードする者」、あるいは「人々を惑わす者」という意味で使われている語。なお、「ハメルーン」と言い間違いやすいので注意。

□**沈黙の螺旋《らせん》**……ドイツの政治学者ノイマンが提唱した法則。マスコミ報道によって、多数派の意見が広く知られると、同調圧力が生じて、少数派は沈黙しがちになる。すると、多数派の声はさらに大きくなり、少数派の声はますます小さくなる。その連鎖により、〝螺旋〟を描くように、多数派が増えていくという法則。

□**不気味の谷**……ロボット工学者の森政弘が提唱したロボットの外見にかかわる

心理現象。まず、技術が進歩し、ロボットの外見が人間に似てくると、人間は好感を抱く。ところが、あるレベル以上に似てくると、今度は気持ち悪さを感じるようになる。さらに、ロボットの外見が人間と区別がつかなくなるほどに似てくると、嫌悪感は消えるという心理現象。人間がロボットに抱く好感度をグラフ化したとき、「谷」のようなカーブを描くことからのネーミング。

□栄光ある孤立……19世紀後半のイギリスの他国と同盟を結ばない外交政策を指す言葉。イギリスがこの外交原則を破って結んだのが、日英同盟だった。「あんな相手と結ぶよりは、栄光ある孤立を選んだほうがいい」などと使われる。「名誉ある孤立」ともいう。

□マルサスの罠《わな》……イギリスの経済学者マルサスが提唱した理論。「人口増加は、食料生産の増加を上回るため、やがて食料不足や貧困が進み、飢餓、病気、戦争など、人口を抑える要因が起きる」という法則。ところが、マルサスの死後、農薬の進歩など、農業技術の革新によって農業生産が拡大、彼の理論どおりにならなかったことはご承知のとおり。

□共有地の悲劇……多くの人が利用できる共有資源は、乱獲され、やがて資源の枯渇を招くことになるという経済法則。要するに、「みんなのものは一瞬にしてなくなる」という現象。「コモンズの悲劇」ともいう。

□ミンスキーの瞬間……アメリカの経済学者ハイマン・ミンスキーが提唱した経済理論。土地や株の値段が下がりはじめた瞬間、投げ売りが始まり、あっという間に暴落していく過程を説明する理論。過去に起きたバブル経済の崩壊の大半は、この理論で説明できるという。

□色の革命……もとは、2000年頃から、中央アジア、中・東欧諸国で起きた革命。グルジア（現ジョージア）のバラ革命、ウクライナのオレンジ革命などで、「カラー革命」「花の革命」とも呼ばれる。その後、2010年に起きたチュニジアのジャスミン革命など、中東での一連の革命、革命的事件も含む言葉になっている。

□**メタモルフォーゼ**……もとは、生物学の「変態」のこと。「変容」「変身」という意味でも使われる。アニメや特撮物の登場人物の変身を指すこともある。

□**ミッシングリンク**……「失われた環《わ》」という意味。本来は連続しているはずなのに、非連続な部分が見られる場所。生物の進化を考える際によく使われる言葉で、たとえば種Aと種Cに連続性が見られず、未発見の種Bの存在が考えられる。その種Bが発見されたとき、「ミッシングリンクがつながった」となる。

□**ガラスの天井**……「見えない障壁」といった意味で、能力があるにもかかわらず、性別や人種などによって昇進を阻まれること。とくに日本では、女性のキャリアアップを妨げる要因として、使われることが多い。「ガラスの天井を壊すことが、真の男女共同参画社会の実現につながる」など。

「政治に強い人」なら絶対に外せないカタカナ語

□**ポピュリスト**……政策よりも、人気の獲得を優先する政治家。嘲笑的に使うことが多い。

□**ドラゴンスレイヤー**……対中強硬派を指す語。竜を倒す人という意味。パンダスラッガー（パンダを殴りつける人）という同義語もある。一方、対中妥協派、親中派はパンダ・ハガー（パンダを抱く人）と呼ばれる。

□**ポリティカル・コレクトネス**……直訳は「政治的正しさ」で、人種・宗教・性別などの違いによる偏見や差別を含まない中立的表現を用いること。この観点から従来とは違う言葉に置き換えられた言葉に、「看護婦→看護師」「肌色→ペールオレンジ」などがある。

□ソフトターゲット……テロ攻撃を行うにあたり、警備が手薄で標的にしやすい場所や人のこと。レストラン、コンサートホールなど、不特定多数が集まる民間施設や、そこに集まる人がこれにあたる。軍事施設など、攻撃しにくい場所は「ハードターゲット」。

□コラテラル・ダメージ……直訳すると「副次的損害」。戦争における「やむを得ない被害」といった意味で、要は戦闘の巻き添えで民間人が死ぬことを意味する。「民間人の死」という直接的な表現ではなく、「やむを得ない被害」とぼかして表現することで、国民の反発を減らそうとするダブル・スピーク（二重語法）の一種といえる。

□チョークポイント……地政学における概念。海洋覇権を目指すにあたり、重要となる水上の要衝。直訳は「締めることで、相手を苦しめられるポイント」。「宗谷海峡は、中国が海洋進出を狙ううえでのチョークポイントとなる」「チョークポイントに機雷を設置する」などと使う。

□**ハニートラップ**……「蜜のように甘い罠」の意で、女性スパイが、男性対象者と性的関係を持つことで情報を引き出すこと。あるいは、関係を持ったことによって脅迫し、男性に機密情報を持ち出させること。対象は、政治家、外交官、軍人、メディア関係者、財界人など、多岐にわたる。

□**グレートゲーム**……19世紀から20世紀初頭にかけて、中央アジアで行われたイギリスとロシアの覇権争奪戦。現在は、中国、インド、アメリカ、ロシアなどの間で、中央アジアの利権獲得競争が行われており、「新グレートゲーム」と呼ばれている。

□**レガシー**……遺産。政治用語としては、政治的業績。とくに後世の歴史家らによる評価を意識した業績を指す。「○○政権のレガシーは何か」など。

□**レームダック**……直訳すると「脚の不自由なアヒル」。任期終了間近で、影響力を失った政治家のこと。とくに、大統領、総理大臣、内閣に対して用いることが多い。「レームダック状態の大統領には期待できない」「参院選の惨敗で、現政権はレームダックに陥った」など。

□サイレントマジョリティ……物言わぬ多数派。積極的な発言はせず、マスコミでもとりあげられることが少ないが、じつは大勢を占める人たち。「声なき声」とも。「サイレントマジョリティの存在を忘れるな」などと使う。対義語は、「ノイジーマイノリティ（声高な少数派）」。

初耳では少し恥ずかしい経済学・心理学の言葉

□創造的破壊《そうぞうてきはかい》……もとは、経済学者のシュンペーターが「イノベーション」に関連して提唱した概念。新しい技術やシステムが現れると、古い技術などが駆逐される過程を指す。その後、一般的には意味がやや変化し、何かを始める（創造）ための乱暴な方法（破壊）という意味で使われることが多い。「ここは、創造的破壊が必要な局面ではないですか」など。

□**選択と集中**……経営用語で、競争力のある分野を「選択」して、資金や人材を「集中」的に投資すること。「トップに求められるのは『選択と集中』だ」など。

□**囚人のジレンマ**……協力し合うほうが得なのに、裏切られるのが怖くて、あるいは自分が得をしたいため、協力せずに終わる関係。「ゲーム理論」を代表する言葉。環境問題、軍拡問題、過剰生産、価格競争など、全体の利益よりも、自らの目先の利益を選びがちな分野で、よく用いられる言葉。「環境問題では囚人のジレンマが起きがちだ」など。

□**サンクコスト**……すでに支出され、今後、回収不可能なコスト。「サンク」は沈んだという意味で、「埋没費用」「埋没コスト」と訳される。人間はサンクコストにこだわる傾向があり、たとえば、その先、見込みがない事業でも、今まで資金をつぎこんだのだからとサンクコストにこだわり、撤退できなくなって傷口を広げてしまうことになりがち。

□**現状維持バイアス**……「バイアス」は偏り、偏見のこと。現状維持バイアスは、変化よりも、現状維持を望む心理傾向。だから、人は、変化によって利益が得られそうと思っても、なかなか行動を起こすことができない。人が変化を恐れるのは、根源的には自分を守りたいという防衛本能に由来するとみられる。

□**アンカリング効果**……最初に与えられた情報が、その後の判断に影響を与える効果。たとえば、最初に普通は5万円の商品と聞き、それを3万円に値下げすると聞くと、5万円という数字が基準になって、3万円が安く感じられるといった効果。船がアンカー（錨《いかり》）を下ろすように、最初の数字、情報などが基準になることから、この名で呼ばれる。

□**保有効果**……自分が保有するものに高い価値を感じ、手放すことに抵抗を感じる心理傾向。だから、人はなかなかモノを捨てられないし、愛用の品を手放せないし、下がった株を売ることもできなくなるといった傾向。

□**正常化バイアス**……自分にとって都合の悪い情報を無視したり、過小評価したりする心理傾向。平たくいえば、周囲で大変なことが起きていても、「自分は大丈夫」と思い込む心理現象。

□**集合的無意識**《しゅうごうてきむいしき》……もとは、精神医学者のユングが提唱した概念。人類や民族が共通して持つイメージのことで、ユングは、世界の民話などの研究から、人類は無意識の中に共通の原型的な意識を持つとした。今は、「国民の集合的無意識」のように、明確には意識されていない気分のような意味でも使われている。

□**ゲシュタルト崩壊**……「ゲシュタルト」はドイツ語で「形」のこと。ゲシュタルト崩壊は、たとえば同じ文字をずっと見つづけていると、その字の形に見えなくなってくるという知覚現象。

基礎教養として心得ておきたい哲学・文学・芸術用語

□**アウフヘーベン**……ドイツの哲学者ヘーゲルが、弁証法のなかで使った用語で、「止揚」と訳される。ドイツ語では、もとは「拾い上げる」という意味の動詞で、あるものを否定しながら、さらに高い段階で生かすこと。

□**アプリオリ**……カントや新カント派の哲学者がよく使った言葉で、もとはラテン語。「先天的」や「先験的」「超越的」と訳され、経験に先立って、すでにある認識や概念を表す。たとえば、時間や空間は、経験に先立つアプリオリな概念といえる。

□**アポリア**……もとは、アリストテレス哲学の用語で、一般的には「解答のない難問」という意味で使われている。もとは、ギリシャ語で、通路がないという意味。

□**オッカムの剃刀《かみそり》**……「ある事柄を説明するときは、仮定はできるだけ削ぎ落とすべき」という考え方。中世の宗教哲学者オッカムの考え方で、削ぎ落とすことを「剃刀」にたとえた。

□**懐疑主義《かいぎしゅぎ》**……哲学的には、人間の認識は主観的・相対的でしかないとして、絶対的真理の認識の可能性を疑う立場。一般的には「彼は懐疑主義者だからねえ」などと、疑り深い、慎重という意味で使われている。

□**形而上学《けいじじょうがく》**……哲学用語としては、神・精神・霊魂などを研究する学問を指すが、一般には「現実生活から離れた抽象的な議論」といった意味で使われている。「それは、形而上学的すぎないかね」など。対義語は「形而下学」で、物質を対象とする学問。

□**アフォリズム**……箴言《しんげん》。具体的には、人生経験などに裏打ちされた真理を含んだ短い名文句。芥川龍之介の『侏儒《しゅじゅ》の言葉』は、アフォリズムをまとめた「箴言集」ということになる。

□**エピグラム**……警句。真理を突く短い言葉。これを「エピグラフ」と混同しないように注意。「エピグラフ」は巻頭の言葉、題辞、あるいは石碑などに刻む碑文のこと。

□**フォークロア**……民間伝承。あるいは民俗学のことで、これは古くから伝わる風習や伝承などを研究する学問。今は、いわゆる「都市伝説」という意味でも使われている。

□**トラジディ**……悲劇。最近は「トラジェディ」とも表記する。なお、「コメディ」は喜劇、トラジコメディは悲劇と喜劇の合成語で、「悲喜劇」を意味する。

□**リリカル**……叙情的。主観的な感情を直接的に表現すること。「リリシズム」は叙情性、「リリック」は叙情詩を意味する。「リリカルに描かれた作品」「リリカルな詩」「リリカルに歌う」などと使う。

□**アネクドート**……政治を風刺する小話、ジョーク。ソ連時代に不満の捌《は》け口として、流行した。もとの意味は、ギリシャ語で「秘密のもの」「公にならなかったもの」。

知的に見える哲学・文学・芸術用語

□**堕天使**《だてんし》……神に反逆し、下界に落とされた元天使。神や天使と対立し、人間を堕落させる存在。日本の出版界では、グラビアアイドルなどに「堕天使」という〝冠〟をかぶせることが多い。

□**異世界**《いせかい》……今いる世界とは違う世界。近年、ＳＦやファンタジー小説などに、とみによく登場する。パラレルワールドや浦島太郎の行った龍宮城なども、異世界の一種。「異空間」もほぼ同じ意味。比喩的に「永田町という異世界」など、現実に存在するが、世間の常識やルールが通用しない場所という意味で、皮肉を込めて形容することもある。

□**虚実皮膜《きょじつひにく》**……虚構と現実の間の微妙なところに、真実は存在するという考え方。江戸中期の浄瑠璃・歌舞伎作者の近松門左衛門が唱えた。「伝説の実業家の生涯を虚実皮膜に描いた作品」など。

□**アンチヒロイン**……明るい、素直、前向きといった典型的なヒロイン像とは違うが、物語の主役、または準主役となる女性。「ダークヒロイン」とも。主人公と敵対したり、物語をかき回す役どころであることも多い。『ルパン三世』の峰不二子、『アンパンマン』のドキンちゃん、『三銃士』のミレディー（敵方のスパイ）などが、これに当たる。

□**トリックスター**……物語の中で、周囲を引っかき回す、いたずら者。シェイクスピアの『夏の夜の夢』の妖精パック、人類に火をもたらしたとされる神話のプロメテウスなどが有名。転じて、文化人類学では、自由奔放な行動で、常識を揺り動かす存在を指す。

□**ディストピア**……ユートピア（理想郷）の正反対の社会。「絶望郷」「破滅郷」と訳される。ディストピアを舞台にした作品を「ディストピア小説」「ディストピア映画」などと呼ぶ。ジョージ・オーウェルの『１９８４』や、沼正三の『家畜人ヤプー』はディストピア小説、武論尊原作・原哲夫作画の『北斗の拳』はディストピアマンガとなる。

□**アンフォルメル**……フランス語で「不定形の」という意。１９４０年代半ばから50年代にかけて盛んだった抽象絵画を中心とする美術の動向。形ではなく色彩を重んじ、激しい表現が特徴。美術史とは関係なく、単に「不定形」の意味で、「アンフォルメルな造形」「アンフォルメルな空間」などと使うことも。

Step5
カタカナ語を使えば、言葉にできることがいっぱいあります

1　時と場合に合わせて使いたいカタカナ語

自分の語彙に加えておきたい言葉

□**シュリンク**……縮むこと。収縮。「経済がシュリンク傾向にある」「シュリンクする業界で、いかに生き残るか」など、経済やビジネス用語として使われることが多い。

□**アイスブレーカー**……初対面どうしの緊張をほぐす話題やジョーク。打ち解けるための簡単なゲームや共同作業を指す場合もある。また、砕氷船という意味のほか、テキーラベースのカクテルの名前でもある。

□**ローンチ**……launchは「(組織的な活動を)始める」という意味で、新事業や軍事行動を「始める」という意味で使われる単語。それがカタカナ語化した「ローンチ」は、（企業活動の）立ち上げ、発進という意味で使われている。「新プロジェクトをローンチする」「春に新製品をローンチする」など。

□ゲームチェンジャー……大改革をもたらす出来事、または人、企業、製品など。もとはスポーツの試合で、途中で登場して、流れを一気に変えてしまう選手のこと。「彼は、業界の常識を一変させたゲームチェンジャーだ」など。

□トップヘビー……組織などで、肩書の立派な人が多すぎて、物事が円滑に進まない状態を指す。「わが社はトップヘビーで、世代交代がいっこうに進んでいない」など。もとは、船舶の重心が高く、転覆しやすい状態のこと。

□インバランス……不均衡。半ば日本語化している「アンバランス」と同じ意味だが、英語では通常、インバランス（imbalance）が使われる。「貿易収支のインバランス」など。

□**ベストエフォート**……もとは、契約上の義務規定に使われる用語で、「最善努力」と訳される。そこから、一般的には、最大の結果を得るための努力という意味で使われ、「ベストエフォートを期待していますよ」などと用いる。

□**ティッピングポイント**……ティッピングは「傾く」という意。それまで緩やかだった変化が、あるとき突然、大きく速く変わりだす分岐点。物事が急速に変化する直前。「いま思えば、あの日の判断がティッピングポイントだった」など。

□**ジャイアント・キリング**……大番狂わせ。直訳すると「巨人を倒す」という意。2015年秋、ラグビーワールドカップで、日本が南アフリカという〝巨人〟を破るという大番狂わせを起こしてから、耳にする機会が増えた。

□**ギーク**……コンピュータやインターネットに詳しい人を指す言葉。かつては「コンピュータに詳しいが、社会に適応できない人」といった侮蔑的な意味があったが、今ではむしろ敬意を込めて使われている。日本の「オタク」のように、マンガやアニメに詳しい人という意味は含まない。

□**キックオフ・ミーティング**……プロジェクトをスタートさせる際に開く集まり、会議。メンバーに一体感や使命感を持たせる意味では、重要な集まりといえるが、わが国ではおおむね顔合わせ程度で終わることが多い。サッカーやラグビーの試合が、キックオフで始まることから生まれた言葉。

カタカナで書くと、二つの意味が生まれる言葉

□**ロイヤル**……loyalとroyalは、カタカナで書くと、どちらも「ロイヤル」になってしまうが、英語ではloyalは忠実な、royalは王室の、という意味。それぞれが名詞化した「ロイヤルティ」は、前者の意味では忠誠、忠実、後者の意味では王権、王位を意味する。たとえば、ロイヤルネービーは後者の意味で、英国海軍のこと。

□**モラール**……「モラールが高い」「モラールに溢れている」などと使う「モラール」はmoraleとつづり、士気や意気込みのことで、モラル（道徳、moral）とは違う単語。「モラル・ハザード」は道徳的な危機のことで、moralのほう。

□**シリアル**……serialは「連続」という意味で、シリアルナンバーは続き番号、シリアルキラーは、連続殺人犯のこと。一方、コーンフレークなどを意味するシリアルは、cerealとつづる。別の単語なので注意。

□**コミッション**……二つの意味があるカタカナ語。ひとつは「委員会」で、その長は「コミッショナー」。もうひとつは「口銭・手数料」という意味で、「多額のコミッションをとる」など、「マージン」と同じ意味で使われている。

ビジネス関連の形容詞

□**ワーカブル**……実行可能な、実際的な、使える、という意味で、「ワーカブルなアイデアだと思うよ」「ワーカブルな計画はないのかね」などと使う。

□**ソリッド**……固体。堅固なさま。硬質であるさま。「ソリッドな素材」のように物に対して使うこともあれば、「ソリッドな文体」のように比喩的に用いることもある。

□**アイロニカル**……皮肉な。皮肉を含んでいる。「シニカル」と似ているが、シニカルが「冷笑的」「小バカにした」といったニュアンスを含むのに対し、アイロニカルは状況や事例に対して使い、相手への悪意は含まない。「彼の置かれた状況は、アイロニカルなものだった」など。

□リージョナル……地域的。局部的。地方の。「リージョナル・ジェット」は、客席数50〜100程度の地域間輸送用旅客機。「リージョナル・チェーン」は、全国ではなく、特定の地域だけに展開するチェーン・ストア。

□リーダブル……「読みやすい」という意味で、「リーダブルな小説」などと使われる。近年は、デジタル用語としても使われ、「マシンリーダブル」といえば、情報をデジタル化し、機械やコンピュータが直接読み取れる形式になっていること。

□マージナル……この語には二つの意味があり、ひとつは地域的、周辺的という意味で、「マージナルな問題」などと使う。もうひとつの意味は「限界的な」で、経済学で「マージナルコスト」といえば「限界費用」のこと。限界費用は、生産量を1単位増やすのにかかるコストの追加分を意味し、費用対効果を考えるうえで、ひじょうに重要な概念。

□**オーセンティック**……「本物の」「正統な」「確実な」といった意味。保守的で高級イメージの強いものを形容する言葉。「彼はオーセンティックなファッションが好きだ」など。「オーセンティック・バー」は、昔ながらの雰囲気を保つ大人のバーのこと。

□**ウェルメイド**……well-madeとつづり、よくできているさま。「ウェルメイド・プレー」は、うまく作られた戯曲、芝居を意味し、そこからわが国でも、エンタメ関係の批評でよく使われる言葉。「小品ながら、ウェルメイドな映画」など。

ふだんの日本語に溶け込んでいる言葉

□**マスト**……必須事項、必要不可欠なもの。「マストアイテム」はかならず必要なもの、「マストバイ」はかならず買いたい商品、「マストハブ」は必携品を意味する。ビジネス会話では「〇〇はマストでお願いします」などと使われている。

□**クオータ**……quota とつづり、分け前、割り当てのこと。4分の1を意味するクオーター（quarter）とは、別の単語なので注意。

□**ボトルネック**……隘路。瓶の首が狭いことから、物事を進めるうえでの妨げとなるもの。コンピュータ用語では、うまく作動しない原因や性能向上の妨げとなるものを指す。「生産工程のボトルネックを探す」など。

□**オールインワン**……いくつかの機能や物が、ひとつにまとめられている状態。「オールインワン化粧品」なら、1本で化粧水、乳液、美容液、クリームなどの機能を持つ化粧品。洋服の「オールインワン」は、上着とズボンが一体化したもの。ノートパソコンも1台で本体、キーボード、ディスプレイを備えているのでオールインワンの一種。

□**ソフトランディング**……軟着陸。経済用語では、過熱した景気を急激な景気後退を招くことなく、安定成長路線に移行させること。「経済のソフトランディングは可能か」など。対義語は、ハードランディング。

□ランドマーク……目印になる建物。国や地域を象徴する建物や自然物などに用いる。「近くにランドマークになる建物はありませんか」「大文字山は、京都のランドマークだ」など。

□ネガティブリスト……「してはいけない」ことのリスト。原則としては、何をしても自由であることが背景にある。一方、できることを並べたのが、「ポジティブリスト」。「警察にはネガティブリストがあり、自衛隊にはポジティブリストがある」などと使う。

□マイルストーン……起点からの距離を示すため、道路に立てられた里程標。一里塚。転じて、物事の進行を管理するために設ける節目、人生や歴史における画期的な出来事。「プロジェクト成功の鍵は、適切なマイルストーンの設定にある」「科学史上、マイルストーンとなる発明」などと使う。

□エキシビション……展覧会、展示。スポーツでは、エキシビション・ゲームやエキシビション・マッチなど、公開演技や模範試合を意味する。exhibitionとつづり、エキシビションが正しい発音、表記。エキシビジョンは×。

□レジーム……政治体制のこと。「アンシャン・レジーム」は旧体制という意味で、もとはフランス革命以前の古い体制を指し、そこから古臭い制度全般に対して否定的な意味で使われる。「戦後レジームを否定する」「レジームチェンジが始まった」など。

悪口に使えるカタカナ語

□ルサンチマン……恨み。とくにニーチェが、弱者の強者に対する憎悪という意味で使ったことで知られる。「庶民のルサンチマンが、革命の原動力になった」「ルサンチマンの克服こそが重要」など。

□ブッキッシュ……もとは「本好きの」という意味だが、机上の空論、実際的ではないという意味で使われている。「その議論、少しブッキッシュですね」といえば、理屈としては整っているものの、実際的ではないという批判になる。また、かたくるしいという意味もあり、「ブッキッシュ・イングリッシュ」は、かたくるしい英語のこと。

□フリーライド……ただ乗り。コストを負担せずに、利益を受ける者を非難する言葉。かつては、戦後の日本が、安全保障をアメリカまかせにし、経済発展に専念してきたといわれることへの非難としてよく使われた言葉。ただし、日本経済が沈みはじめてからは、耳にする機会が減っている。

□フィリバスター……議事進行を遅らせるため、長時間の演説を行うこと。与野党の対決法案をめぐり、与党による採決を阻止、あるいは少しでも遅らせるために、野党が行う抵抗法。結果的には、多数派に押し切られ、パフォーマンスに終わるのが常。

□**エピゴーネン**……ドイツ語で、亜流、模倣者という意味。日本では、「彼の作品は出来の悪いエピゴーネンに過ぎない」などと、「パクリ」「二番煎じ」をやや高尚に表す表現として使われている。

□**アウト・オブ・～**……out of は「～の外へ」という意味で、カタカナ語でもよく使われる形。「アウト・オブ・デート」は時代遅れ。「アウト・オブ・ファッション」は流行遅れ。「アウト・オブ・フォーカス」はピンぼけ。一時流行した「アウト・オブ・眼中」は眼中にないという意。

□**ジャーゴン**……仲間内だけで通じる言葉。一般人には意味のわからない特殊な専門用語や業界用語。「そんなジャーゴンで話されても、わからないよ」などと使う。

2　その〝世界〟ではちょっと知られた言葉

経済関連の大人の必須語

□**ステークホルダー**……企業活動における利害関係者。株主、従業員、消費者、取引先、債権者などが、これに含まれる。地域社会や、行政機関を含むことも。「企業経営は、ステークホルダーの期待に応えることが重要」など。

□**カウンターパート**……ビジネスや政治で、「交渉相手」の意味で使われている言葉。「アメリカの国務長官のカウンターパートは、外務大臣」など。

□**タスクフォース**……軍隊で、任務のために編成された部隊のこと。機動部隊。ビジネスでは、特別な任務を行うため、一時的に編成されたチームを指す。その多くは、組織内の各部署から横断的にメンバーが招集される。

□**トランスフォーメーション**……変形、変質、変化。いろいろな分野で使われる言葉だが、経済学では経済構造の近代化、企業経営では事業構造・業務プロセスにおける大改革を指す。たとえば、企業経営関係で「カルチャー・トランスフォーメーション」といえば、「企業文化の改革」という意味になる。

□**エキスパートエラー**……専門家が、専門知識がありすぎるゆえに犯す失敗。たとえば、災害時、行政が公平さを重視するあまり、避難を遅らせてしまうといったケースのこと。

□**マネタイズ**……もとは、金属から貨幣を鋳造するという意味の言葉。２００７年頃からは、ネットビジネスで、無料サービスから収益を上げる方法を指すようになった言葉。訳すと、「収益事業化」「有料事業化」あたり。

□**ボリューム・ゾーン**……マーケティング用語で、購買層や価格帯の中心となる層。「（消費者のうちの）ボリューム・ゾーンを狙わなきゃ、大きな利益は出ないよ」などと使う。

□**グランドデザイン**……全体構想。都市開発など、大規模事業を行うときなどに使われる言葉で、長期にわたる壮大な図案、設計。似た言葉に「マスタープラン（基本計画）」があり、こちらは、より具体的な計画を指す。

□**ロールモデル**……規範・模範となる人。「あの人のようになりたい」と思う、憧れの存在。「わが社には、ロールモデルとなるような女性社員がいないんです」「私は、課長をロールモデルにして励んできました」などと使う。

□**トレードオフ**……何かを得るためには、何かをあきらめざるを得ない関係のこと。たとえば、「素材にこだわれば、価格を高くせざるを得ない」といったこと。「失業率の低下と物価の上昇は、トレードオフの関係にある」など。

□ゼロサムゲーム……参加者全員の勝ち負けの「総和（サム）」が、つねに「ゼロ」になるゲーム。株式売買のように、経済状況によって大半が儲けたり損したりするのではなく、必ず勝者と敗者が出るゲーム。その典型が、外国為替市場。予想がはずれた人たちの賭け金を、当たった人たちで分け合う競馬も、ゼロサムゲームの一種。

□ワーキングチーム……特定の問題を解決するために設けられる集団。作業部会。ワーキンググループともいう。

□ストラテジー……戦略。本来は軍事用語だが、政治、経済の分野でも使われる。「グランド・ストラテジー」は、企業の大規模戦略や国家戦略のこと。「あの企業のグランド・ストラテジーは、どのようなものか」など。

□リードタイム……所要時間。商品を発注してから、手元に届くまでの時間。あるいは製造命令が出てから、製品が完成するまでの時間。近年、日本経済では、生産、流通、開発などのさまざまな現場で、リードタイムの短縮化が重要課題となっている。

□**テールリスク**……マーケットにおいて、戦争や大災害、大規模テロなど、起こる確率はきわめて低いが、起きると経済環境や株価などに甚大な影響を与えるリスクを指す。「ブラックスワン」も同じ意味で使われる。こちらは〝黒い白鳥〟はめったにいないことから。

□**ソフトパッチ**……英語で、雨などで地面がぬかるんだ状態のこと。転じて、経済成長が一時的に鈍化したり、足踏み状態になること。「ソフトパッチ後のアメリカ経済を予測」「日本経済のソフトパッチは、いつまで続くか」などと使う。

□**イベントリスク**……未曽有の大災害、大規模テロ、要人の死、グローバル企業の倒産など、突発的な出来事（イベント）によって、世界経済が大きく混乱する危険性（リスク）。マーケットの大暴落を招く。「イベントリスクに翻弄される世界経済」など。

□**フェイルセーフ**……現代の設計思想の根幹をなす考え方。システムが誤作動しても、安全な方向に動くこと。あるいは、そのような設計思想を意味する。たとえば、乗り物で不具合が生じても、乗客は安全であること。

一生に一度は使いたい教養のカタカナ語

□**デッド・オア・アライブ**……生死にかかわらず。西部開拓時代のお尋ね者の張り紙には、こう書かれていた。生死は問わず、捕らえた者に賞金を支払うという意味。

□**ブルー・ブラッド**……貴族、名門出身者のこと。青く見えるのは、血そのものではなく、血管。貴族はおしなべて色白で、白い肌に静脈が青く浮き上がって見えることから。

□**エトワール**……日本では、店名やブランド名によく使われる言葉。フランス語では「星」という意味で、パリの凱旋門は「エトワール凱旋門」と呼ばれる。なお、フランス語での発音は「エトワル」に近く、現地の発音になるべく近づけるという昨今のマスコミ等の表記の方針に従えば、将来は「ー」が消えていくかもしれない。

□**エスポワール**……フランス語で「希望」のこと。日本で、店の名前などによく使われているのは、「希望」というポジティブな意味合いが好まれるからだろう。

□**アパシー**……無気力、無関心。社会学では、政治的無関心を指す。1970年代、学生運動が下火になった時期には、「スチューデント・アパシー」という言葉が世界的に使われたもの。

□ガジェット……もとは道具、装置、仕掛けといった意味だが、最近はデジカメや携帯電話、携帯ゲーム機のような小型デジタル機器を指すことが多い。「おもしろいもの」といったニュアンスを含む。また、パソコン上で起動するアプリケーションを指すこともある。

□アルゴリズム……問題を解いたり、課題を解決するための方法、手順のことで、おもにコンピュータ関係で用いる。コンピュータが高速で計算するには、効率的なアルゴリズムが必要。コンピュータが判断して自動的に売買を繰り返す、超高速の株式取引を「アルゴリズム取引」とも呼ぶ。

□ボナンザ……もとは、掘りあてた鉱脈を意味し、大当たり、思いがけない幸運といった意味が派生した。さらに、「ボナンザ・ビジネス」はボロ儲けできるビジネス、「ボナンザ農場」は、生産性の高い豊かな農場を意味する。

□ノーブレス・オブリージュ……身分の高い者には、果たすべき義務があるという道徳観。この言葉でいう身分の高い者とは、もとは、貴族を意味した。現代では、エリート、あるいは社会的な成功者の社会的責任について用いられる言葉。

世界の〝今〟を切りとるカタカナ語

□**スマートフォン・ゾンビ**……英語の俗語で「歩きスマホ」のこと。スマホを持った腕を前に突き出し、のろのろと歩く姿をzombieにたとえた言葉。

□**フレネミー**……「フレンド」と「エネミー」を合わせた造語。「友人であり、ライバルでもある間柄」、または「友を装う敵」。「二人はフレネミーだ」「友だちだと思っていたのに、じつはフレネミーだった」などと使う。

□**ファブレス**……fablessとつづり、fabrication facility（製造施設）がless（ない）という意味。つまり、工場を持たない製造企業のこと。自社は研究開発や製品設計に特化し、生産は他社に外注する。代表格はアップルで、「ファブレス企業」

などと使う。

□**マウスイヤー**……IT産業の進展の速さを表す言葉。ネズミが人間の20倍近いスピードで成長することからの造語。「現体制では、マウスイヤーで進む状況変化についていけません」などと使う。なお、類語の「ドッグイヤー」は、マウスイヤーよりは遅いというニュアンス。犬の成長速度は人間の7倍といわれる。

□**エイジング・ハラスメント**……「エイジング」は加齢、老化のことで、「エイジング・ハラスメント」は年齢による差別。たとえば、女性に対して「おばさん」や「おばあさん」と呼びかけるのも、これに当たることがある。「エイハラ」と略されるが、いまひとつ定着していない。

□**ウィナー・テイク・オール**……勝者がすべてを手に入れること。「勝者総取り」と訳され、経済社会では、IT時代に入って起きやすくなったといわれる現象。また、政治では、アメリカの大統領選挙制度がその代表格で、州単位の勝者がその州の選挙人を総取りする。

□**レピュテーション・リスク**……風評リスクのこと。ネガティブな評判や噂によって、企業の信用やブランド価値が大きく損なわれるリスク。インターネット社会では、ひとつの悪評で、飲食店などが閉店に追い込まれることもありうる。レピュテーション・リスクをどうコントロールするかは、企業経営の重要技術になりつつある。

□**ホイッスル・ブロワー**……組織の不正を告発する内部通報者のこと。ホイッスルは警笛、汽笛、審判の鳴らす笛という意味で、直訳すると、警笛を吹く人という意味。

それは一体どんな人？ どんな場所？

□**プルトクラート**……超富裕層、スーパーリッチ。ギリシャ語で「富」を意味する「プルトス」と、「力」を意味する「クラトス」を組み合わせた造語。

□ファムファタール……フランス語で、魔性の女、運命の女。古今東西のさまざまな物語の主人公になってきたキャラクターで、オペラ『カルメン』では、カルメンはドン・ホセにとってのファムファタールであり、谷崎潤一郎の『痴人の愛』では、ナオミがその役回りということになる。

□シェルパ……チベット語で「東の人」という意味で、ヒマラヤ山脈に住む高地民族の名。長年、登山隊の案内役をつとめてきたので、荷運びする仕事の職業名でもある。そこから近年では、サミット（主要国首脳会議）の準備をする官僚という意味でも使われている。「サミット」のもともとの意味は「山の頂上」。

□ミューズ……ギリシャ神話で、芸術・文化をつかさどる9人の女神の総称。美術、文学などを分担してつかさどっている。そこから、芸術家にインスピレーションやモチベーションを与える女性の代名詞として使われ、たとえば「サルバドール・ダリのミューズは、妻のガラだった」などと用いる。

□**ディーバ**……マライア・キャリーなど、女性ボーカリストを指す言葉だが、もとはイタリア語で「歌姫」という意味。オペラでは、プリマドンナの代名詞として使われてきた。さらに、さかのぼると、イタリア語で「女神」を意味する言葉に由来する。

□**ファンタジスタ**……サッカーで、創造性のあるプレーをするスター選手。華麗なプレーを持ち味とするゲームメーカーがこう呼ばれることが多く、無骨な点取り屋などは、こう呼ばれない。

□**コリドー**……回廊、通路、路地のこと。東京・銀座のコリドー街は、銀座のわりには、カジュアルな飲食店が並ぶ一角。この場合の「コリドー」は、通路や路地に近い意味で使われている。

□**スーク**……アラビア語で、市場を意味する言葉。近年は、日本でも商業施設や店舗名に使われている。なお、「バザール」は、同じ意味のペルシャ語。

□**シャングリラ**……理想郷、楽園。ジェームズ・ヒルトンの小説『失われた地平線』に登場する理想郷に由来し、小説の設定によると、チベットの奥地にある。

□**サードプレイス**……これは地名ではなく、家、職場（学校）に次ぐ、第三の自分の居場所。アメリカの社会学者が提唱した概念で、ファーストプレイスである自宅、セカンドプレイスである職場や学校以外の場所で、長い時間を過ごす場所を指す。具体的には、余暇活動の拠点、カフェや公園、図書館など。「人間には、サードプレイスが必要なんだよ」などと使う。

◉カタカナ語は対義語をセットで覚えよ――Column2

1　どちらも使う！　逆の意味を持つカタカナ語

「語彙数を増やすには、対義語を覚えるとよい」というのは、昔から伝えられてきたハウツー。そこで、このコラムでは、対義語関係にあるカタカナ語を集めた。双方の関係を頭に入れれば、自然に語彙が増え、意味もより正確につかめるようになるはず。

□アーティフィシャル（不自然な、人為的な）↔ナチュラル（自然な）
□アウト・オブ・デート（時代遅れ）↔アップ・ツー・デート（現代的、今流行の）
□アウトプット（出力）↔インプット（入力）
□アガペー（精神的な愛）↔エロス（官能的な愛）
□アクティブ（能動的）↔パッシブ（受動的）
□シンメトリー（対称）↔アシンメトリー（非対称）
□アブストラクト（抽象）↔コンクリート（具象）

□アペリチフ（食前酒）↕ディジェスチフ（食後酒）
□アルファ（最初）↕オメガ（最後）
□アントニム（対義語）↕シノニム（同義語）
□インテリア（室内装飾）↕エクステリア（屋外装飾）
□インポート（輸入）↕エクスポート（輸出）
□エートス（性格・人柄）↕パトス（一時的な情念）
□エキスパート（熟練者・専門家）↕ビギナー（初心者）
□エチュード（習作）↕タブロー（完成品）
□オーダーメード（注文服）↕レディメード（既製服）
□オフリミット（立ち入り禁止）↕オンリミット（立ち入り自由）
□オリジナル（原物）↕レプリカ（複製）
□カオス（混沌）↕コスモス（秩序）
□キャピタルレター（大文字）↕スモールレター（小文字）
□クロスゲーム（接戦）↕ワンサイドゲーム（一方的な試合）
□コンサバティブ（保守的）↕プログレッシブ（進歩的）
□コールドウォー（冷戦）↕ホットウォー（熱戦、軍事的な戦争）

□メタファー（隠喩）⇔シミリ（直喩）
□スタティック（静的）⇔ダイナミック（動的）
□スペシャリスト（専門家）⇔ゼネラリスト（いろいろな分野に通じた人）
□ソワレ（夜間興行）⇔マチネー（昼間興行）
□ダイアローグ（対話）⇔モノローグ（独白）
□ハムレット型（思索型）⇔ドンキホーテ型（行動型）
□ピッチング（船の縦揺れ）⇔ローリング（横揺れ）
□ビハインド（リードされている）⇔アヘッド（リードしている）
□プライベート（私の）⇔パブリック（公の）
□プロローグ（序章）⇔エピローグ（終章）
□ヘテロ（異質）⇔ホモ（同質）
□ミニマム（最小）⇔マキシマム（最大）
□マジョリティ（多数派）⇔マイノリティ（少数派）
□リターナブル（返却・回収できる）⇔ワンウェー（回収が行われない）
□ゾレン（哲学用語で、そうあるべきこと）⇔ザイン（存在・実在）
□ドナー（臓器移植の提供者）⇔レシピエント（被提供者）
□アポロン的（芸術作品などで、理知的）⇔ディオニュソス的（激情的）

2　アルファベットにも〝対義語〟がある！

「正と反」「陰と陽」など、対義的な関係の漢字があるように、アルファベットにも、対義的な関係になるケースがある。次のアルファベットの〝対義語〟となる文字が浮かぶだろうか？

□C（cold）⟷H（hot）……冷たい水と温かい湯という意味。
□E（east）⟷W（west）……東と西。
□S（south）⟷N（north）……南と北。
□M（men）⟷W（women）……男と女。
□M（male）⟷F（female）……これも、男と女。
□L（large）⟷S（small）……大と小。
□L（left）⟷R（right）……左と右。
□Q（question）⟷A（answer）……質問と答え。

Step6
みんなになじんだ言葉も、うまく使えば新鮮に聞こえます

1 昔からのお決まり表現をあなどってはいけない

慰めるときには「ことわざ」を使う！

□**勝敗は時の運**……大人の会話で「ことわざ」を最も効果的に使えるのは、相手を慰めるとき。ことわざは、日本人の経験知を集大成した警句群といえ、人生や人間性に関する名句がそろっている。そのため、下手に理屈っぽく慰めるよりも、ことわざを使ったほうが、相手の心に届くケースが多くなる。「勝敗は時の運」は、スポーツの試合など、勝ち負けのあることで、敗れた人を慰めるのに便利なフレーズ。勝ち負けは運不運によって決まるものという意味なので、「勝敗は時の運ですよ」といえば、間接的に「あなたの能力のせいではない」という慰めの言葉になる。

□**終わりよければ、すべてよし**……途中で犯したミスを気にやんでいる人を慰める言葉。「終わりよければ、すべてよし」は、最後の締めくくりさえよければ、その過程で失敗があってもかまわないという意味。

□**雨降って地固まる**……トラブルが一応おさまったときに使う言葉。「雨降って地固まる」は、トラブルがあったあとは、かえって物事が落ち着き、よくなるというたとえ。雨が降ったあとは、ゆるんでいた地面が固くしまることから。

□**弘法も筆の誤り**……ミスをした人を弘法大師（空海）にたとえて、立てながらフォローする言葉。なお、このことわざは、名人にも失敗があるという意味だから、自分や同期、後輩の失敗に使うのはおかしい。使う相手は、上司や先輩など、目上に限られる。

□**人の噂も七十五日**……人があれこれ噂をするのは、ほんの一時のことで、しばらくすれば収まってしまうので、気にすることはないという意。「七十五日」という日数は、「ひとつの季節」の日数を表したもの。「人の噂も七十五日ですから、気にする必要なんてないですよ」など。

抱負を述べるときの四字熟語

□**心機一転**……大人の会話で、四字熟語がパワーを発揮するのは、抱負を述べるとき。かつて、横綱や大関に推挙された力士が、四字熟語を使って口上を述べることが流行ったが、一般人にとっても、あらたまった席では四字熟語が役立つ。むろん、大げさな表現にはなるのだが、そこは定型句のありがたさで、聞く人の耳に違和感なく届く。「心機一転」は、気持ちを切り換え、物事に取り組むこと。たとえば、入社試験の面接では、「入社を許していただければ、心機一転、全力を尽くす所存です」などと使える。

□**粉骨砕身**……骨を粉にし、身を砕くように、力の限りを尽くして、努力すること。「わが社の発展のため、粉骨砕身するつもりで頑張ります」など。

□**一念発起**……物事を成し遂げようと決心すること、また努力すること。もとは仏教用語で、深く思いつめ、仏門に入ることを意味した。「これを機に一念発起、さらに業務に真摯に取り組む所存です」など、転勤、転職、新任、入社などの挨拶に向いた四字熟語。

□**全身全霊**……「全身」は体力のすべて、「全霊」は精神力のすべてで、身も心も全部という意。「全身全霊をかけて、業務に取り組みます」のように使う。

□**不撓《ふとう》不屈**……困難な状況にあっても、くじけないこと。「不撓不屈の精神で、やり抜く覚悟です」など。大きな仕事、難事業に取り組むときに使うと、ぴったりくる言葉。

□**緊褌《きんこん》一番**……心をしっかり引き締め、物事にあたるさまを表す。「緊褌」は褌を締め直すこと、「一番」は思いきって何かをする様子を表す。「緊褌一番、この仕事に本気で取り組むつもりです」など。

公の席で、他人を持ち上げるときの四字熟語

□**前途洋洋**《ぜんとようよう》……将来が広々と開けている様子。「前途」は将来、「洋洋」は水が満ちているさま。「前途洋洋の青年」は、結婚式で新郎をほめるための決まり文句。

□**明朗闊達**《めいろうかったつ》……明るくさっぱりした性格。「闊達」は、小さなことにこだわらない気持ちの大きさ。青年を公の場で紹介するとき、「才気に溢れ、性格は明朗闊達」のように使う。

□**精励恪勤**《せいれいかっきん》……勤勉に仕事に励むこと。「精励」は力を尽くして仕事に励むこと、「恪勤」は職務を全うすること。昇進した人を「長年の精励恪勤が報われ」などと持ち上げる。

□正正堂堂《せいせいどうどう》……卑怯な手段は取らずに事に臨む、正しく立派な態度。『孫子』にある「正正の旗、堂堂の陣」の略。「正正堂堂たる態度で難局に立ち向かわれ」など。

□眉目秀麗《びもくしゅうれい》……顔かたちが優れていて、整っているさま。「眉目」は顔立ち、「秀麗」は優れて美しいこと。

□才色兼備《さいしょくけんび》……優れた才能と美しい容貌（色）の両方を兼ね備えた女性のこと。男性に対しては使えない語。

□清廉潔白《せいれんけっぱく》……心が清く澄んでいて、私利私欲に心を動かされないこと。「廉」はけじめ、いさぎよいという意味。「まことに清廉潔白なお人柄で」など。

□天衣無縫《てんいむほう》……飾り気がなく、無邪気なさま。もとは、天女の衣には縫い目がないことから、詩文などにわざとらしさがなく、美しいことを指した言葉。

□**豪放磊落**《ごうほうらいらく》……気持ちが大らかで、神経が太く、ささいなことにはこだわらない様子。「豪放磊落なお人柄で慕う後輩も多く」など。

□**志操堅固**《しそうけんご》……どんなことがあっても、自分の志や主義主張を固く守りぬくこと。「志操」は志、「堅固」は固いこと。

□**純情可憐**《じゅんじょうかれん》……心が清らかで、自然のままの愛らしさがあるさま。おもに、若い女性をほめるときに用いる。

□**春風駘蕩**《しゅんぷうたいとう》……春の風がのどかに吹くさま。転じて、温和な人柄に対しても使われる言葉。「春風駘蕩としたお人柄」など。

□**泰然自若**《たいぜんじじゃく》……ゆったりと落ち着きはらい、物事に動じないこと。「泰然」は落ち着いている様子、「自若」はふだんどおりの態度のこと。「泰然自若たる態度」

など。

□**余裕綽綽《よゆうしゃくしゃく》**……これも、落ち着いた態度でゆったりしている様子。「綽綽」は、ゆったりした状態を表す語。

□**悠悠自適《ゆうゆうじてき》**……心のおもむくまま、ゆったりとした気持ちで暮らすこと。「自適」は、束縛されることなく気持ちのままに楽しむこと。「定年後は悠悠自適の生活を送られ」など。

どうせなら正確に使いたい慣用表現

□**流れに棹《さお》さす**……本来の意味は「傾向に乗って、勢いを増す行為をする」なのに、59・4%もの人が「傾向に逆らって、勢いを失わせる行為をする」という意味だと思っていた言葉。

□**敷居《しきい》が高《たか》い**……本来の意味は「相手に不義理をして、行きにくい」。しかし、文化庁の調査では56・4％の人が「高級すぎたり、上品すぎたりして、入りにくい」という意味だと思っていた言葉。

□**事《こと》　志《こころざし》と違う**……物事が志したようには進まないということ。「事志と違う状況に立ち至ったときこそ、真価が問われる」など。「違う」は「ちがう」と読むことが圧倒的に多いが、この成句では「たがう」と読む。

□**人間万事塞翁《にんげんばんじさいおう》が馬《うま》**……人の世では、めぐりめぐって予想もつかないことが起きることのたとえ。「人間」は今は「にんげん」と読むのが一般的になり、間違いとはいえなくなっているが、「人の世」で起きることなので、本来は「じんかん」と読む。

□**時《とき》を分《わ》かたず**……本来の意味は「いつも」。しかし、文化庁の調査では「すぐに」という意味だと思っていた人が、じつに66・8％にものぼった言葉。

□**四分五裂**……ばらばらに分かれるさま。「しぶごれつ」ではなく「しぶんごれつ」が正しい読み方。ワープロソフトで「しぶごれつ」と打っても、正しく変換されないことが多いはず。

□**不得要領**《ふとくようりょう》……要領を得ないことで「不得要領な説明」などと使う。「ふえようりょう」ではなく「ふとくようりょう」と読むことに注意。文字では目にしていても、音を耳にすることが少ない言葉であるため、言葉に詳しい人でも、誤読してしまう四字熟語。

□**意**《い》**を体**《たい》**する**……身をもって実行するという意味で、「社長の意を体する」などと使う。「ていする」と誤読する人が多い成句。他に、「体をかわす」は「たい」、「体よく断る」は「てい」と読む。

□**分**《ぶん》**に過**《す》**ぎる**……自分の実力や立場以上であるということ。「分に過ぎたおほめをいただきまして」「分に過ぎた買い物」など。成句に登場する「分」は、「ぶ」「ぶん」の読み分けが厄介。「分を弁える」「分を守る」は「ぶん」、「分がある」は「ぶ」と読む。

□骨《ほね》を埋《うず》める……その場にとどまり、一生を終えるという意味。「埋める」は「うめる」とも「うずめる」とも読むが、この成句の場合は「うずめる」が正解。

□面壁九年《めんぺきくねん》……目標に向けて、長い年月勉学に励むこと。達磨大師が壁に向かって九年間、座禅を組み、悟りを開いたという故事にもとづく。この「九」は「きゅう」ではなく、「く」と読む。なお「薬九層倍《くすりくそうばい》」（薬商いは儲かる商売であること）も同じく「く」と読む。

□俎上《そじょう》の魚……相手のなすがままになるしかないことのたとえ。「俎《まないた》の上の鯉」と同じ意味。この成句では「魚」は「さかな」ではなく「うお」と読む。

□**技神《ぎしん》に入《い》る**……技量が神の域にまで達していること。「技」を「わざ」、「入る」を「はいる」と読まないことに注意。

□**後足《あとあし》で砂《すな》をかける**……去り際になって、迷惑をかけたり、困らせたりすること。一般的に、「あとあし」は「後足」、「うしろあし」は「後ろ足」と書く。この慣用句は「あとあし」なので、「後足」と書く。

□**一日千秋《いちじつせんしゅう》**……「千秋」は千年のことで、一日が千年に思えるほど、待ち遠しいことの形容。×いちにちせんしゅう。

□**寂《せき》として**……物音がしないで静かな様子。「寂として声なし」など。「寂」には「じゃく」と「せき」、二つの音読みがあり、この語は「せき」と読む。

□**勇将《ゆうしょう》の下《もと》に弱卒《じゃくそつ》なし**……上に立つ者が優れていれば、部下も優れていることのたとえ。なお、「幸運の星の下」の「下」も、「した」ではなく、「もと」と読む。

□**運否天賦**《うんぷてんぷ》……運のよしあしは天が決めるということ。「否」を「ぷ」と読む珍しい例。×うんぴてんぷ。

□**冷汗三斗**《れいかんさんと》……冷や汗を三斗もかくほど、大量の冷や汗が出るような思いをするさま。「斗」は容量の単位で、一斗は十升（18リットル）。「ひやあせさんと」とは読まないこと。

陳腐さを防ぐには、準慣用句が狙い目です1

□**強制終了となる**……既成の慣用句には諸刃の剣的なところがあり、使い方によって、巧みな表現となる場合もあれば、陳腐な言い回しに堕《だ》することもある。そこで、注目したいのが、慣用句的に使われているものの、なぜか慣用句辞典には載っていない類の言葉。ここでは、そうした〝準慣用句〟を紹介していこう。見出し語の「強制終了」は、パソコンなどで、使用中のソフトウェアを強制的に終わらせること。そこから、比喩的に、無理やり止める、止められることのたとえとして使われる。「社長の鶴の一声で、プロジェクトが強制終了となった」など。

□**エッジの効いた**……近年、よく耳にするフレーズで、とんがっている、先鋭的という意味。「エッジの効いた表現」「エッジの効いた演出」など、クリエイティブ関係で使われはじめ、最近は「エッジの効いた企画」など、ビジネス界にも進出している。エッジ（edge）は刃物のことで、英語にはedgyという同様の意味の俗語がある。

□**逆王手《ぎゃくおうて》をかける**……将棋で、もとは、相手からの王手を防ぎながら、逆に相手の王将に王手になる手を指すこと。そこから、意味が変化し、将棋の七番勝負やプロ野球の日本シリーズなどで、先に3勝されて王手をかけられた状態から、3勝3敗の状態に追いつくという意味で使われるようになっている。

□**戻る橋を焼き払う**……不退転の決意を表すフレーズ。今、渡ってきた橋を焼き払うことから、もはや後戻りはできないという意味。「戻る橋を焼き払う決意で、事態に臨みます」など。「背水の陣を敷く」の言い換えといえる。

□**背中が語る**……これも定番句でありながら、なぜか慣用句辞典には、あまり載っていないフレーズ。意味は、言葉で語るまでもなく、背中（後ろ姿）でいわんとするところがわかるという意味。「痩せた背中がすべてを物語っていた」「その背中は雄弁だった」のように、バリエーションをつけて使える。

□**終わりの始まり**……衰退期の入り口という意味。多くの物事は一瞬にして〝終わる〟のではなく、時間をかけて衰退していくもの。とりわけ、衰退期にある強大なものに似合う言葉で、「大英帝国の終わりの始まり」「テレビの終わりの始まり」などと使う。

□**市民権を得る**……「市民権」は、市民としての権利。そこから、「市民権を得る」

は比喩的に、多くの人に認知されるという意味で使われている。「市民権を得つつある新語」など。

□汗《あせ》の匂《にお》いがする……「汗臭い」というと、体が汚れていて嫌な臭いがするというネガティブな意味だが、「汗の匂いがする」というと、よく働き、勤勉というポジティブな意味に変わる。「汗の匂いがする仕事」「汗の匂いとともに、名作は生まれる」など。なお、「におい」は、いいにおいは「匂い」、くさいにおいは「臭い」と書き分けるのが普通。

□嫌な汗が出る……「汗」を使った慣用句は、「冷や汗が出る」「脂汗が出る」の二つが代表格。一般に「冷や汗」は、恥ずかしいときや恐ろしいときに出る汗で、「脂汗」は、緊張しているときや苦しいときに出る汗。「嫌な汗」は、後者の「脂汗」の言い換えといっていい。

□体に合わない服を着る……違和感があるさまを形容するフレーズ。「体に合わない服を着ているようで、どうにも居心地が悪い」など。

陳腐さを防ぐには、準慣用句が狙い目です2

□ダムが決壊《けっかい》したように……激しく、溢れだすさま。言葉が溢れだす様子の形容に使うことが多く、「ダムが決壊したように、言葉が溢れだす」など。

□地獄の一丁目……大変な出来事の始まり。破滅に向かって進み出す最初の出来事。「ここが地獄の一丁目だ」「それが、彼にとっての地獄の一丁目となった」など。

□刑務所の塀《へい》の上を歩く……法律違反すれすれの行為をしているさま。あるいは、日常的に法を犯しているが、なかなか捕まらないさま。「刑務所の塀の上を歩くような人生を送る」「刑務所の塀の上を歩いても、けっして内側には落ちない」など。

□**人生の縮図**《しゅくず》……「縮図」は、実物を小さく写した図。そこから、比喩的に、小さいながらも、全体を表すものという意味で使われる。「人生の縮図」「社会の縮図」が定番の使い方。

□**歴史の歯車が回る**……「歯車が回る」は、物事が動きだす、進むこと。「歴史の歯車が回る」は、時代が移り変わるさま、とりわけ歴史的な大変化が起きたときの形容に使われる。「歴史の歯車は、血飛沫《ちしぶき》をあげて回る」のように、変化をつけて使うこともできる。

□**歴史が証明する**……現在はその評価が定まらなくても、後世、理解されたり、評価が定まるはず、という意味。「この説の正しさは、歴史が証明してくれるだろう」「いみじくも、歴史が証明しているように」などと使う。

□**時計は逆戻**《ぎゃくもど》**りをしない**……時間をさかのぼることはできないという意味。たとえば、「時計の針を逆戻りさせてはいけない」といえば、旧体制に戻ってはいけない、過去の失敗を繰り返してはいけない、という意味。

□**十三階段**……絞首台の異名。台の上まで、階段が十三段あることに由来する。「ついに十三階段をのぼることになった」など。

□**超絶技巧**《ちょうぜつぎこう》……近頃、よく耳にするようになった〝新四字熟語〟。並ではない名人技を意味する。たとえば、パガニーニのバイオリン演奏や、明治時代の彫金・七宝などの制作技術がこう呼ばれる。

大人の会話で使える古風な表現

□**いみじくも**……古風な表現、文語的な表現には、言葉を重々しくするという効果がある。たとえば、会議の席で「今、Aさんがおっしゃったように」というよりも、「今、いみじくもAさんがおっしゃったように」といったほうが、Aさんの気分はよくなるはず。「いみじくも」は、「素晴らしい、立派」という意味の古語の形容詞が、現代語に残った言葉で、「まことにうまく、適切に」という意味。

□図らずも……思いがけなくも、意外にも、という意味。「図らずも、ご指名を受けまして」は、役職や仕事をまかされたときの挨拶でよく使われる言い回し。

□はしなくも……前項の「図らずも」と同様の意味で、予想の範囲を超えているさまを表す。「はしなくも受賞する」「はしなくも好評を得る」など。漢字で書くと「端無くも」。

□然《さ》は然《さ》りながら……「それはそうだが」と肯定しながら、「とはいえ、こうとも思える」と異論を付け加えるときに使う言い回し。「情状酌量の余地はあります。然は然りながら、不正は不正です」のように、最終的には相手を否定したり、おとしめるときの前置きとして使うことが多い。

□すべからく……下に「べき」を伴い、「当然のこととして」「～すべき」という意味をつくる言葉。たとえば、「すべからく、取り組むべき業務」は、「当然、取り組むべき業務」という意味になる。「すべて」という意味ではないことに注意が必要。

□なかんずく……なかでも、とりわけ、とくに。漢字では「就中」と書く。「なかんずく、難しいご提案ですね」など。

□けだし……まさしく、まことに。漢字では「蓋し」と書き、「蓋し名言」（まさしく、名言という意味）などと使う。

□かりそめにも……本気でないにしても、間に合わせにしても。「かりそめにも～でない」という形で使う。「かりそめにも、そんなことを口にするものではありませんよ」は、たとえ、本気でなくても、そんなことをいうものではないという意味。

□**あまつさえ**……その上、さらに。漢字では「剰え」と書き、悪いことが重なり、「過剰」な状態であることを表す。「売り込みに失敗、あまつさえ相手を怒らせてしまった」のように使う。

□**あたら**……惜しくも、もったいないことに、という意味で、立派なもの、価値あるものが失われるのは残念という気持ちを表す。「あたら才能を無駄にする」「あたら若い命を落とす」などと使う。文法的には、古語の形容詞「あたら（惜）し」から生まれた言葉。

□**いやしくも**……かりにも、という意。「いやしくもプロがあんな失敗をするとは」「いやしくも教師たるものが、淫行におよぶとは」など。

□**よしんば**……「たとえ、そうであったとしても」という意味で、漢字では「縦んば」と書く。「よしんば、彼の言葉が嘘だとしても」「よしんば、間違いだったとしても」などと使う。

□**いわんや**……まして、なおさら。漢字では「況んや」と書く。「善人なおもて往生を遂ぐ、いわんや悪人をや」という親鸞《しんらん》の有名な言葉は、「善人でさえ往生できるのだから、悪人が往生できるのはなおさら当然のことだ」という意味もあわせて覚えておきたい。

□**ややもすれば**……物事がそうなりがちなさま。「ややもすれば、失敗しがちなところでございますが」など。漢字では「動もすれば」と書き、「ややもすると」や「ともすれば」と同じ意味。

□**ことほどさように**……今、述べたように。（前の発言を受けて）それほどに。「ことほどさように、昨今の情勢は厳しいものとなっている」など。漢字で書くと「事程左様に」。

どんな状態？　なんの形容？

□**やんごとない**……そもそもは「止事無い」で、もとは「そのまま放ってはおけない」という意味。放っておけないのは特別な存在であることから、皇族や貴族など地位や身分がきわめて高い人の形容に使われるようになった。

□**いぎたない**……「いぎたない」は漢字では「寝穢い」と書き、もともとは眠りこけて、なかなか目を覚まさないという意味。そこから、寝姿がだらしないとか、寝相が悪いという意味でも使われるようになった。「いぎたなく眠っている」など。一方、「いじきたない」（意地汚い）は、みっともない食べ方を形容する言葉。

□**あられもない**……「あられもない」のもとの意味は「あるべきではない」ということで、おもに女性の下品で露骨な姿を形容するとき、「あられもない姿」などと使われるようになった。

□のっぴきならない……漢字で書くと「退引ならない」で、退くことも引くこともできないという意味。そこから、「避けられない」という意味になり、「のっぴきならない用事がありまして」など、断りや弁解用のフレーズとして使われている。

□きな臭い……この「きな」は衣のことで、そこから、布や木材などが燃えて、火事が起こりそうなときの臭いを「きな臭い」というようになった。今は、戦争など物騒なことが起きそうな気配を表す言葉として使われている。

□埒《らち》もない……とりとめがないこと。「埒もない話ですが……」など。「埒」は「枠」のことで、「常識の埒外《らちがい》」といえば、常識の枠の外にあるという意味。ただし、他の語源説もあって、年功序列、正しい筋道を意味する「臈次《ろうじ》」が「らっし」→「らち」に変化したという説もある。

□口さがない……人のことを無遠慮に噂するさま。「口さがない連中」「世間には口さがない人たちもいますから」などと使う。

□のどやか……のどか、うららか。「のどやかな季節」などと使う。漢字で書くと「長閑やか」で、「のどか（長閑）」と同様の意味なのだが、「のどかな農村」といっても「のどやかな農村」とはいわないように、形容する対象は微妙に違う。

□草深い《くさぶか》……草が深く繁っているさま。そこから、ひなびた場所、辺鄙《へんぴ》な田舎の形容に用いられる。「草深い里」など。

□賑々しい《にぎにぎ》……たいへんにぎやか。今では、出迎えの形容によく使われ、「かくも賑々しいお出迎え、痛み入ります」などと用いる。

□ふるわない……よくない、低迷している。「不振」を訓読した言葉といえるが、ニュアンスはやや弱まる。「業績がふるわない」「打撃がふるわない」など。

□かぐわしい……上品な香りがただようさま。漢字では、「香しい」とも「芳しい」とも書く。一方、「香《こう》ばしい」は、ほんのり焦げたような、おいしそうな匂いがただようさま。

何をすること？

□言祝《ことほ》ぐ……今は「新年を言祝ぐ」など、単に「祝う」という意味で使われているが、本来は「祝いの言葉を述べる」という意。「寿ぐ」とも書く。

□弁《わきま》える……「礼儀を弁える」「場所柄を弁える」など、「よく知る」という意味で使われているが、本来は「物事を区別する」という意味。今もその意味で使われているのが、「公私の別を弁える」など。

□袖《そで》を通す……衣服、とりわけ新しい衣服を着ること。「新しい着物に袖を通す」

など。上等、高価な衣服にしっくりくる言葉で、「ジャンパーに袖を通す」ではいささかミスマッチ。

□**いざなう**……さそうこと。今は「旅にいざなう」「夢の国にいざなう」など、キャッチコピーでよく使われている。漢字では「誘う」と書くが、「さそう」と同じになるので、今は「いざなう」とひらがなで書かれることが多い。

□**詳《つまび》らかにする**……詳しいところまで、明らかにするという意味。「委細を詳らかにしていただきたいと存じます」は、詳しい説明を求めるときの定番フレーズ。「審らか」とも書く。

□**暮《く》れ泥《なず》む**……「泥む」はなかなか進まないという意味で、「暮れ泥む」は日が暮れそうで暮れないさま。春、日が長くなり、なかなか暮れなくなった時期に使うのがふさわしい言葉。

□**さんざめく**……「さざめく」が音変化した言葉で、にぎやかに騒ぐという意味。

□**眦《まなじり》を決《けっ》す**……「眦を決す」は、激しい怒りや並々ならぬ決意によって、「目じりが裂けるほどに、大きく目を見開く様子」を意味する。「眦」は目じり、「決す」は「裂く」という意味。

□**干戈《かんか》を交《まじ》える**……「干」は「たて」、「戈」は武器のほこ。「干戈を交える」は、たてとほこがぶつかりあうことであり、そこから戦う、戦争をするという意味になった。

□**襟《えり》につく**……追従すること。昔、お金持ちは、衣装をたくさん持っているので、重ね着ができ、襟のあたりが分厚くなっていた。その「襟の厚さにつく」という意味で、「襟につく」は、利益目当てに金持ちや権力者にへつらうことを意味するようになった。

このワードを使えば、きちんと伝わる

□**望むらくは**……「望むところは」という意味で、「どうか○○でありますように」という願いを表す言葉。「望むらくは、この点を改善していただければ」などと使う。文法的には、「望む」＋名詞化する接尾語の「らく」＋係助詞の「は」という構成になる。

□**惜しむらくは**……文法的には「望むらくは」と同じ構成で、意味は「惜しいことには」。後述の「〜するきらいがある」とセットで使われることが多く、「好漢惜しむらくは、独走するきらいがある」などと使う。

□**ゆめゆめ**……下に否定語を伴って、決して〜ない、断じて〜ないという意味をつくる。「ゆめゆめ、ご信じ召されるな」「ゆめゆめ、怠りなく」など。漢字では「努々」と書く。

□**つゆほども**……少しも。ちっとも。「つゆほども知らない」がよくある使い方。ほかに「つゆほども信じない」「つゆほども顔に出さない」など。漢字で書くと「露程も」。

□**如何《いかん》せん**……残念にも。「如何せん、時間も人手も足りませんね」「如何せん、ご縁がなかったのかと」など、何かをしないことの〝理由説明〟に使われる言葉。

□**つとに**……以前から。ずっと前から。「つとに有名」「つとに伺っています」などと使う。漢字では「夙に」と書き、もとは「早朝から」という意味。

□**頼《たよ》られがいのない**……役に立たない、という意。人から頼まれたときには、「頼られがいのないことで、まことにお恥ずかしいのですが」と断るのが、大人語。

□**相身互《あいみたが》い**……同じような身の上にある者同士が助け合うこと。「相身互い身」を略した言葉で、「武士は相身互いと申しますから」がよくある使い方。

□**聞こし召《め》している**……「相当、酔っぱらっている」ことの婉曲表現。「相当、聞こし召しているようです」などと、酩酊状態を表すのに使う言葉。

□**えも言われぬ**……「えも」は漢字では「得も」と書き、否定語を伴って「とても～できない」という意味をつくる。「えも言われぬ」は、「とても言葉で表現することはできない」という意味。

□**まがりなりにも**……どうにかこうにか。不十分だが、なんとか、というニュアンスを含み、「まがりなりにも、できあがったようです」「まがりなりにも、合格したのだから～」などと用いる。漢字では「曲がり形にも」と書く。

2 それを表すのに、そういう熟語があったんだ

会話でも頻出の言葉

□**標榜**《ひょうぼう》……主義、主張を掲げ示すこと。「民主主義を標榜する政党」など。昔の中国で、札に書き記して掲げ、大勢の人に知らせることを「標榜」といったことから。なお、「標」には「しるし」、「榜」には「たてふだ」という訓読みがある。

□**市井**《しせい》……世の中や巷《ちまた》という意味。「市井の人」は、市中に住む一般庶民のこと。「市井」という書き方は、かつては「井戸」（水の湧くところ）のまわりに人が集まり、やがてそこに「市」ができたことに由来する。

□**拠出**《きょしゅつ》……何かの目的のために、みんなで金品を出し合うこと。「拠」の訓読み

は「拠《よ》る」で、この意味では「拠出」という熟語の意味は成立しない。それもそのはずで、戦前までは「醵出」と書いたのだが、「金を出し合う」という意味がある「醵」が当用漢字・常用漢字に採用されなかったため、「拠出」という書き方で代用され、それが定着したというわけ。

□**各々**《おのおの》……それぞれ。各自。「各々、ご準備ください」など。「各」はこれ一字でも「おのおの」と読み、「各々」でも「おのおの」と読む。考えてみれば変な話だが、「各」一字だと「かく」という音読みと区別しにくいため、「各々」という書き方が生まれたとみられる。

□**大枚**《たいまい》……「大枚」は多額の金のこと。「大枚をはたいて、車を購入した」などと使うが、この「枚」は、紙幣の枚数のことではない。昔、中国で、銀貨が餅のような形をしていたところから、餅銀と呼び、その大きなものを「大枚」と呼んでいたのだ。

□布石《ふせき》……将来の事態に備えて、準備をすること。「新しいビジネスに向けて布石を打つ」など。もとは、囲碁の序盤で、先を見越して打つ碁石の配置をいう。この布は「布《し》く」という意味で、「布《ぬの》」とは関係ない。

□反駁《はんばく》……反発する、反論する。「駁」には責めただすという意味がある。なお、読み方は「はんぱく」ではなく、「はんばく」なので注意。

□随行《ずいこう》……「随」は、お供するという意味。そこで、マスコミでは、首相の外遊などについていく記者を、お供をするわけではないという意味で、「随行記者」ではなく、「同行記者」と表現している。

□委細《いさい》……「委しい」で「くわしい」と読み、細かくくわしいこと。「委細面談」など。

□招聘《しょうへい》……礼儀を尽くして人を招くこと。「聘す」で「めす」と読む。「教授を招聘する」など。

□**粛々**《しゅくしゅく》……「粛々」の本来の意味は、静かで厳かな様子。ところが、政界では、意識的な誤用なのか、「予定どおりに進める」という意味で使われてきた言葉。

□**寸分**……「寸分」は、ほんの少し。打ち消しの言葉とセットで使う。「寸分の狂いもない」「寸分たがわぬ仕上がり」など。

大人としては頭に入れておきたい言葉

□**漆黒**《しっこく》……光沢のある黒色。「漆黒の闇」「漆黒の髪」など。「漆黒」の「漆」は、塗料のウルシのことで、その光沢のある黒色が特徴。

□**跋扈**《ばっこ》……思うままにのさばること。「跋む」で「ふむ」と読み、「踏みにじる」という意味がある。一方、「扈」は、魚を捕るための仕掛け「梁《やな》」のこと。大魚は、〝扈を踏みにじる〟ようにして逃げてしまうことから、大物がわがもの顔に振る舞う様子を表す。

□**蛇蝎**《だかつ》……人に嫌がられるものの象徴。「蝎」はサソリのことで、「蛇蝎の如く嫌われる」などと使う。

□**喧伝**《けんでん》……世間に広く言いふらすこと。「喧しい」で「かまびすしい」と読む。

□**忌諱**《きき》……嫌がって避けること。「忌諱に触れる」など。「忌む」も「諱む」も「いむ」と読む。なお、「きい」は慣用読みで、本来は「きき」と読む。

□**頒布**《はんぷ》……広くゆきわたらせること。「頒」には「わける」という意味がある。

□**逼迫**《ひっぱく》……余裕がなく差し迫っている状態。「逼る」も「迫る」も「せまる」と読む。

□**領袖**《りょうしゅう》……トップに立つ人のこと。「領」は「えり」と訓読みし、「領」も「袖」も目立つことを意味する。

□**忸怩**《じくじ》……恥じること。「忸怩たる思い」など。「忸」にも「怩」にも、「恥じる」という意味がある。

□**呵責**《かしゃく》……責めくるしめること。「呵る」で「しかる」と読む。また「呵」は、「呵う」と送り仮名をつけると「わらう」と読み、こちらは「呵々大笑」に使われる場合の意味。

□**諫言**《かんげん》……目上の人に忠告すること。「諫める」で「いさめる」と読む。「上司に諫言する」など。

□**仄聞**《そくぶん》……「仄か」で「ほのか」と読み、少しだけ耳にすること。

□逓減《ていげん》……じょじょに減っていくこと。この「逓」には、次々と順を追って、という意味がある。増えるのは、「逓増」。

□屹立《きつりつ》……高い山などがそびえ立つ様子。「屹つ」で「そばだつ」と読む。

□種々……本来は、「しゅじゅ」と濁って読み、辞書でも「しゅじゅ」を見出し語にしている。「種々雑多」(いろいろまじっているさま)も、正しくは「しゅじゅざった」と読む。また種々は「くさぐさ」とも読む。

□教唆《きょうさ》……「唆す」で「そそのかす」と読み、犯罪を実行するように他人をそそのかすこと、けしかけること。

□膠着《こうちゃく》……くっついて離れないこと。「膠着状態」など。「膠」には「にかわ」という訓読みがある。

□**蹂躙**《じゅうりん》……「蹂む」も「躙む」も、「ふむ」と読み、暴力などによって、ふみにじること。「人権蹂躙」など。

□**騒擾**《そうじょう》……大騒ぎになること。「擾れる」で「みだれる」と読む。「騒擾事件」など。

□**鼎談**《ていだん》……三人で話をすること。「三社の代表による鼎談」など。「鼎《かなえ》」は、食べ物を煮るための三本の脚の器。

□**贖罪**《しょくざい》……罪を償うこと。「贖う」で「あがなう」と読む。「自ら贖罪する」など。

□**沿革**《えんかく》……「沿」は、先例に沿って変わらないこと。「革」は、あらためること。そこから「物事の移り変わり」という意味が生じ、「会社の沿革」など、変遷や歴史という意味で使われるようになった。

人にまつわる言葉

□岳父《がくふ》……「岳父」は妻の父のことで、「義父」以上にあらたまった表現。中国に「岳婿山《がくしょざん》」という山があり、この山名で「岳」が「婿」の上にあることから、妻の父を「岳父」と呼ぶようになったという説がある。

□壮年《そうねん》……「壮年」とは、働き盛りの年頃のこと。古代中国の『礼記』は、年齢ごとの呼び方を示している。それによると、「弱」は20歳のことで、そこから「弱冠」という言葉が生まれた。「壮」は30歳のこと。しかし、今、「壮年」というと「働き盛りの年頃」という意味であり、現代では30～50代を指すとみるのが適当か。なお、『礼記』によると、「老」は70歳のことで、これは現代の常識にも通じる。

□伯楽《はくらく》……「伯楽」は、人の素質を見抜き、能力を引き出す力がある人のこと。名指導者のことをこう呼ぶ。古代中国で、馬を見分ける名人が、天馬をつかさどる星の名から「伯楽」と呼ばれたという故事に由来。

□**素封家**《そほうか》……代々続く家柄の資産家。日本では、無位無官だが、そこそこの資産をもつ、地方の資産家というイメージで使われてきた。そもそも、「封」は領主から与えられる封土、「素」はそれがないことを意味する。中国では、この語は、正式の領土はもたなくても、それと同等の大金持ちを意味した。

それは何を意味している？

□**鼓吹**《こすい》……相手を元気づけたり、意見を吹き込むこと。「自分の主張をさかんに鼓吹する」など。もともとは「鼓を打つように、笛を吹くように」という意味で、そこから現在の意味になった。一方、「鼓舞」は、鼓を打ち、舞をまわせるように奮い立たせるという意味。

□望蜀《ぼうしょく》……ひとつの望みをかなえると、すぐに次の望みをいだくこと。後漢の光武帝が隴《ろう》の国を平定するとすぐに、より広い国の〝蜀を望んだ〟という故事に由来する言葉。

□揺籃《ようらん》……「籃」には「かご」という訓読みがあり、「揺籃」はゆりかごのこと。赤ん坊用のゆりかごのように、物事を育てる場所という意味。「揺籃の地」は、物事が発生し、発展した場所。「人類の揺籃の地はアフリカである」など。

□遅日《ちじつ》……春の彼岸を過ぎると、昼が長くなり、日の暮れが遅くなるもの。そのように、暮れそうで暮れない春の日を表す言葉。

□濫觴《らんしょう》……物事の起こりという意味。「科学の濫觴」など。「觴」には「さかずき」という訓読みがあり、「濫」はあふれるという意味で、「濫觴」は、大河の長江(揚子江)も、源流をたどれば、杯にあふれる程度の細流に過ぎないという意味。そこから、物事の起源という意味になった。

□**華燭《かしょく》**……飾りを施した灯火や、美しい色のろうそくのこと。「華燭の典」は、そうした華やかな明かりの中で行われる儀式のことであり、今では結婚式、とりわけ結婚披露宴を意味する言葉として使われている。

□**瀟洒《しょうしゃ》**……あかぬけていること。「瀟」には水、「洒」には洗うという意味がある。

□**呻吟《しんぎん》**……「呻く」で「うめく」と読み、苦しみ、うなること。

□**使嗾《しそう》**……「嗾す」で「そそのかす」と読み、そそのかし、けしかけること。

□**月旦《げったん》**……「月旦」は、本来は「月初め」のことだが、「人物評」という意味もある。後者の意味を持つようになったのは、後漢の時代、許劭という人物が、〝月の初め〟に知識人を集めて、当世の人物評を行ったという故事による。

□**無辜**《むこ》……罪のないこと。「辜」には「つみ」という訓読みがある。「無辜の民」など。

□**炯眼**《けいがん》……「炯らか」で「あきらか」と読み、鋭い眼つきのこと。そこから、洞察力が鋭いことをいう。「炯眼の士」など。

□**睥睨**《へいげい》……周りを睨みつけて、勢いを示すこと。また、「睥」の訓読みは「ながしめ」で、流し目で見るという意味もある。

□**慟哭**《どうこく》……大声をあげ、身悶えして泣きわめくこと。「慟く」で「なげく」、「哭く」で「なく」と読む。

□**訥弁**《とつべん》……口下手、つかえながらしゃべること。「訥」には口ごもるという意味がある。

Step7
レトリックで
言語化できれば、
一瞬で表現力に磨きがかかります

1 レトリックなら、言いたいことがもっと伝わる

「レトリック」（修辞法）は、人をハッとさせるために不可欠の言葉のテクニック。「撞着語法」「逆説」「対句」「誇張」など、さまざまな技術があり、キャッチコピーやタイトル、見出しなど、人々の関心をひきつけるための言葉で使われている。本章では、そうした言葉をより魅力的にするレトリックの技術について紹介していこう。

タイトル・見出しを魅力的にする……撞着語法

□**小さな大物**……タイトル、見出し、キャッチコピーを考えるときには、「撞着語法」が有効な方法。「撞着」は矛盾という意味で、意図的な言葉のミスマッチによって、「おやっ！」と思わせる手法。見出し語の「小さな大物」は、「小さな」と「大物」という矛盾した言葉をつなげることで、意外な表現をつくりあげてい

る。「体の小さな実力者」や「子供ながらスター」といった意味。「小さな巨人」もよく使われる撞着表現。

□サウンド・オブ・サイレンス……撞着語法が有効なのは、英語でも変わらない。この名曲のタイトルを訳すと「沈黙の音」という意味になる。

□汚れた英雄……英雄・ヒーローでありながら、法を犯したり、悪事に手を染めている者を意味する。たとえば、ドーピング違反が発覚した金メダリストなど。かつてのアクション小説・映画のタイトルでもある。

キャッチフレーズ・標語・モットーをつくる……三段重ね

□自由・平等・博愛……キャッチフレーズや標語をつくるには、言葉を三つ重ねる「三段重ね」が有効な手法。見出し語は、フランス革命のスローガン。フランス語では「リベルテ・エガリテ・フラテルニテ」と韻を踏んでいて、「三段重ね」

のなかでも傑作といえる。ほかに、よく知られているところでは、「友情・努力・勝利」（『週刊少年ジャンプ』のスローガン）、「より速く、より高く、より強く―共に」（オリンピック精神を表す標語）など。

□泣く、笑う、手に汗握《あせにぎ》る……「三段重ね」の言葉をつくるときには、品詞をそろえるのがコツで、これは動詞を三つ並べるパターン。東映のヤクザ映画全盛時代の経営者、岡田茂氏の言葉で、観客が〝泣いて、笑って、手に汗握る〟ような映画をつくれば、かならずヒットするという、娯楽映画制作の要諦を短く言い表している。

□見る、聞く、黙る……これも、動詞をそろえるパターン。かつて、フランコ独裁時代のスペインでささやかれていた庶民の処世術。日本には「見ざる、聞かざる、言わざる」という言葉があるが、生き残る術《すべ》には、洋の東西はないようだ。

□時間、空間、仲間《なかま》……これは、熟語を三つ並べるパターン。「間」のつく言葉を並べて、見た目に面白く、語呂もよくしている。「時間、空間、仲間」は「サンマ」（三間）と呼ばれる〝遊び〟に欠かせない三要素。時間と場所（空間）、そして同好の士（仲間）がいなければ、楽しむことはできないという意味。

□温泉には、休養、保養、療養の三つの効果がある……これも、休養、保養、療養という、「養」のつく熟語を並べて、リズムをよくしたパターン。

あえて大げさに表現する……誇張

□池の水をストローで吸い出しているような状況……「誇張」は、最もポピュラーなレトリックのひとつ。慣用句や成句にも、「天地がひっくりかえってもありえない」「白髪三千丈」「ノミの心臓」「一日千秋の思い」など、誇張表現があふれている。見出し語は、困難な状況に対する誇張表現。古今東西、難しい場面は、さまざまな誇張表現で表され、「砂漠で針を探すよう」「シベリアで氷を売るようなもの」などがある。

□甲子園は月より遠い……「○○は月より遠い」は、なかなか到着できない場所や、容易なことでは、手に入れられないものを表す常套句。見出しのフレーズは、弱小野球部にとっては、甲子園はそれほどに遠い場所であるという意味。

□深夜でも文庫本が読めそうなネオン街……夜の繁華街の明るさを誇張した表現。深夜、深海、深山など、「深」のつく熟語は、誇張表現に頻出する語彙で、「深海の底にいるような重圧」「深山のような静けさ」などと使われる。

□史上初めてカーレースが行われたのは2台目のクルマが生まれたとき……そんなはずはないのは当然のことだが、乗り物となると、スピードを競いたくなる人間の性《さが》を誇張した表現。

ネーミングの基本テクニック……駄ジャレ・パロディ

□**ブックオカ……**「駄ジャレ」「親父ギャグ」とバカにされながらも、ネーミングでは、駄ジャレがうまくはまると、そのインパクトはひじょうに大きくなる。見出しにしたのは、福岡市の本のお祭り。むろん、ブックとフクオカをかけている。

□**タマゾン川……**東京の多摩川で、熱帯性の生物がときおり発見されることからの〝ネーミング〟。むろん、多摩川とアマゾン川をかけている。

□**酔っぱライター……**居酒屋など、アルコール関係の取材・原稿を得意とするライターの自称。ほかに、風呂・入浴関係の専門家には「風呂デューサー」を自称している人もいる。

□**野蛮ギャルド……**アバンギャルド（前衛）な芸術には、野蛮なパワーを感じさせる作品があるもの。そのあたりを駄ジャレで表した言葉。

造語の基本テクニック……三つをまとめる

□三低《さんてい》……略語的な造語には、三つの言葉をまとめるパターンが多い。たとえば、バブル時代には、女性が男性に求める条件は「三高」（高学歴、高収入、高身長）とされたものだが、平成不況後は「三低」（低姿勢、低依存、低リスク）に変化した。なお、現在、高齢者の「三高」というと、高血糖、高血圧、高脂血症のこと。

□3Y社会……「3＋ローマ字」のパターンでは、「3K」（キツイ、キタナイ、キケン）が最も有名。見出しにした「3Y社会」の3Yとは「欲なし、夢なし、やる気なし」。昨今の〝低欲社会〟を一言で表した言葉。

□人企総《じんきそう》……人事部、企画部、総務部の略。企業の本社中枢にあって、出世ルートとされてきた三つの部の総称。

□**ホウレンソウ**……企業内のコミュニケーションに必要な「報告・連絡・相談」の略。昭和生まれの略語だが、今なお、生き残っている言葉。

名言風のフレーズをひねりだす……逆説表現

□**急がば回れ**……「逆説表現」は、一見、常識とは反対のことをいいながら、真理・真実を言い当てる表現技術。「急がば回れ」ということわざは、その傑作のひとつといっていいだろう。ほかに、「負けるが勝ち」「損して得取れ」「ただより高いものはない」「会うは別れのはじめ」など、ことわざの世界は逆説表現に満ちあふれている。

□**早めに失敗せよ**……逆説表現は、一見、非常識なことを〝言い切る〟ところから生まれる。見出し語は、「失敗」を「せよ」と言い切ることで、人をひきつける逆説表現。失敗は、むろんよくないことではあるが、早めに失敗したほうがロスは小さく、またよき教訓になるという意味。

□新しいことは、新しくなくなってから評価される……流行にしてもムーブメントにしても、それが「新しい」間は、多くの人々はその重要性・優秀性に気づかず、珍奇なものとして扱うもの。大衆がその凄さに気づくのは、世の中に定着し、「新しい」ものではなくなってからだという意味。

□古典こそ新しい……古典は、時代を超えた普遍性があるからこそ、長く残ってきている。見出し語は、古典が現代でも通用することを形容矛盾で強調している。「古典こそ新しいという言葉を実感させる作品」など。

□敗れてなお強し……「敗れる」と「強い」という反対の意味に近い語を組み合わせている。「敗れてなお強しと思わせた○○高校の戦いぶり」など。

□**事実などは存在しない。ただ解釈だけが存在する**……ニーチェの言葉。この「△△ではなく、○○である」も、逆説的表現の基本パターン。「奇跡はない。しかしサプライズはある」「生き残るのではなく、勝ち残る」など、いろいろな使い方ができる。

□**省益《しょうえき》あって、国益《こくえき》なし**……前項とは逆の「○○であり、△△ではない」という形の逆説的表現。縦割り行政の日本の官庁は、自省の利益ばかりを考え、国益全体をみる視点は乏しいという意味。

□**戦士は死ぬ。だが、思想は死なない**……「○○であり、△△ではない」のパターンの変形。カストロが盟友ゲバラの死に際して贈った言葉。

□**最高の助監督は、最低の監督になることが多い**……映画界でよく言われる言葉。人に使われる助監督として優秀な人は、往々にして監督に必要な創造性を欠くという意味。

□ほめてくる人間は敵だと思え……よく言われる逆説的な処世訓。ほめ言葉にいい気になると、努力を怠り、ダメになってしまう。だから、ほめてくれる人間はこちらをダメにする敵と思えという意味。

「おやっ」と思わせる表現をつくる……一、二、三

□一富士二鷹三茄子……日本人は「一に〇〇、二に△△、三に××」という言い回しを好むようで、多数の表現がある。見出しにしたのは、ご存じのように初夢で見ると、縁起のいいものの順番。ほかに、「一種二肥三作り」は、農作物をつくるには、まずは種、ついで肥料、その次に管理や手入れが大事という意味。「一麹二もと三造り」は、酒造りでは、まずは麹、ついで、もろみにするもと造りが重要で、もろみを発酵させる造りはそのあとという意味。

□一に体力、二に気力、三、四がなくて、五に知力……「三、四がなくて」と

はさむのも、よく使われるパターン。見出し語は、仕事を進めるには、まずは体力と気力が重要で、知力はさほど必要ではないことを「三、四がなくて」という言葉で強調している。

□一淫二酒三湯四力五行六音七煙八火……「一、二、三」パターンのなかでも、究極といえることわざを紹介しておこう。これは、体（とくに目）に悪いものの順番で、八まである。色事、飲酒、熱湯入浴、力仕事、遠出の疲れ、歌舞音曲、煙いところ、火のそばの順に、体（目）に悪いという意味。

「おやっ」と思わせる表現をつくる……〝新〟常套句

□押さば押せ、引かば押せ……ことわざ、名言など、よく知られた言葉を少し変えると、面白く、印象的なフレーズになるケースがある。見出し語は、角界に伝わる相撲の極意を表した言葉。普通は「押さば引け、引かば押せ」だが、「押さば押せ」とするところに、相撲の要諦がある。

□**歴史は単純には繰り返さない**……「歴史は繰り返す」という常套句は知られているが、そこに「単純には」という語をはさむことで、面白みと深みを付加したフレーズ。

□**木を語らずに、森は語れない**……「木を見て森を見ず」という、よく知られたことわざを〝本歌〟にしている。「木（ディテール）を知らずして、大きなこと（森）は語れない」という意味。

□**少なくとも三兎を追え**……埼玉県の名門・浦和高校の理念。勉強・部活・学校行事の三つ以上のことに、貪欲であれという意味。「二兎を追う者は一兎をも得ず」という成句は、二つのことを追うなという戒めであり、その反対に「三兎を追え」と言い切ったところに、〝常識〟を裏切るインパクトがある。

□**出すぎた杭は打たれないというが、そうなるまでは打たれまくる**……もとのことわざは「出る杭は打たれる」。それに変化をつけた「出る杭は打たれるというが、出すぎた杭は打たれない」という表現も、かなり知られている。それをさらに発展させたのが、見出しにしたフレーズ。このことわざには、いろいろな派生形があり、「出る杭は打たれるというが、出ない杭は朽ちる」も、ときおり見かける表現。

「おやっ」と思わせる表現をつくる……謎かけ風

□安物の鉛筆……これは、古典的な謎かけ風のシャレ言葉で、そのココロは「気(木)は強いが、芯は弱い」という意。このような、謎かけ風のレトリックで、読者、聞く人の興味をひきつけることもできる。

□インフレは歯磨き粉のようなもの……そのココロは、「出すのは簡単だが、戻すのは難しい」。インフレを招くのは簡単だが、もとに戻すのは難しいことを言い表している。たとえば、「インフレは〝歯磨き粉〟のようなものといわれます」

というひと言から話し出せば、「どういうこと？」と聞く人の興味をひくことができるだろう。

□**日銀は薬剤師……**そのココロは、「ときにはカンフル剤を使い、副作用をおさえ、（景気）回復を待つ」という具合。

書き出しに困ったときには……字解き

□**聡明の「聡」の字はまず耳から書く……**〝字解き〟は、人をひきつけるうえで、相当有効な手法。とりわけ文章では、文字を視覚的に表せる分、より印象的になり、書き出しにもよく使われている。見出しにしたフレーズは、「賢くなるには、人の話をよく聞くことが大事」という意味。

□**作曲の「曲」は「曲がる」と書く。だから曲には曲がったところが必要……**素直すぎる楽曲はヒットしない、聴く者に小さな違和感を与えるような、曲がったところがないと、人の耳には届かないという意味。

□**放送は「送りっ放し」と書く**……テレビ・ラジオの無責任さを語るときに、よく使われてきた言葉。

□**食とは「人に良し」と書く**……ときおり使われる言い回しだが、いろいろな意味を含んでいる。「人に良し」と書くのだから、「体にいい食材を使いなさい」「食べる人の好みを大事にしなさい」など。

□**癇癪の「く」の字をとって生きていく**……「かんしゃく」から「く」の字をとると、「かんしゃ＝感謝」になるというわけ。

□**母は舟の一族だろうか**……詩人の吉野弘の詩の一節。「母」という漢字が「舟」に似ているところに、詩を見いだしている。

数字を効果的に使う……0と1と99

□0を1にする……「数字」もレトリックの小道具のひとつ。熟語や形容詞より意味を鮮明に伝えられる場合がある。見出し語は「何もないところから生み出す」という意味。「無から有を生み出す」より簡潔で、とくに口語では意味が伝わりやすい。

□ゼロには何をかけてもゼロ……よく使われ、慣用句に近づきつつある〝数字言葉〟。もとがゼロ（ダメ）では、どのような手段を講じても、成果は得られないという意味。

□築城三年、落城三日……数字を使った対句表現。「三」という数字を反復している。意味は、物事やいい評判を築き上げるには長い年月がかかるが、それが地に堕《お》ちるのは、あっという間ということ。

□負けの99％は自滅である……「99」は、一種のマジックナンバー。「100％」というとウソが混じるし、断定しすぎて反発を買うもとにもなるが、1％の逃げ道を残して99％と表すと、信憑性が増す。むろん、％なしの形でも使え、「99の真実を積み重ねて、初めて大ウソが書ける」など。

□脳科学は15、16世紀あたり……脳に関しては、まだまだわからないことだらけという意味。脳科学は、まだ研究の草創期であり、ほかの科学の15、16世紀＝ルネサンス、始まったばかりの時期に相当するという意味。

二つを並べる……対句

□派手な受賞は叩かれる、地味な受賞は嘆かれる……芥川賞について語られた言葉で、世間の耳目を集めるような「派手な受賞」は、「芥川賞も商売上手になった」と叩かれ、地味な作品が受賞すると、「その程度の作品しかなかったのか」

と嘆かれるという意味。芥川賞級とまではいえないが、なかなかよくできた対句。

□最初の一杯がいい。そして最後の一杯も捨てがたい……作家の山口瞳の言葉。彼は若い頃、洋酒メーカー、サントリーの名コピーライターでもあった。

□相場は生き物、政治は化け物……対句は、似た言葉やフレーズを並べる手法だが、そのなかに同じ漢字を重ねる「同字反復」という技法がある。見出し語は「生き物」「化け物」と同じ漢字を使う似た言葉を重ねることで、字面も似せながら、相場や政治の恐ろしさ、ダイナミズムを表している。

□練習は貯金、試合は集金……これも、同字反復の形。「貯金」「集金」と、「金」の字を繰り返すことで、音でも見た目でもリズムを生み出している。意味は、練習によって力を蓄え、試合でそれを成果に変えること。

□あこがれの街からたそがれの街へ……前項と同様のパターン。「あこがれ」

「たそがれ」という音の似た言葉を対比させている。かつて憧れの対象だった各地のニュータウンが、今は黄昏《たそがれ》の時代を迎えていることを表している。

□最悪の状況では最善の選択……対義語を使って、対句をつくるパターン。「最悪の中では最良のスタートを切る」「それは最高の時代であり、最悪の時代でもあった」など。

□素人発想、玄人実行……これも、対義語を使うパターンだが、四字熟語のような形にして、よりキャッチーにしている。意味は「常識にとらわれない素人のように発想し、技術をもつ玄人のように実行しなさい」。

□○○は高く、△△は低く……「○○は高く、△△は低く」も、よく見かけるパターン。後半の△△には「腰」「身」「頭」などを入れて、「理想は高く、腰は低く」「望みは高く、身は低く」などと、腰の低さの大切さを説く語にすることが多い。

□空気を読んでいては、空気は変わらない……同じ言葉を繰り返して、リズムを生み出すパターン。この言葉の場合、「空気」という言葉を繰り返している。その効果のほどは、「空気を読んでいては、雰囲気は変わらない」という文と比較すると、よくわかるはず。

□「歴史を学ぶ」と「歴史に学ぶ」では大きく違う……助詞を変えて対句をつくるパターン。

□弱者は敗者に非ず、強者は勝者に非ず……プロ野球の野村克也氏を通して知られるようになったセリフ。文語体にすることで、孫子の兵法のような雰囲気を醸《かも》し出している。

□沈黙は金、雄弁は銀……言葉の組み合わせの妙で、リズムを生み出すとともに、シャレのような面白みを生み出すのが、対句の妙味。見出しの言葉は「沈黙は雄弁に勝る」という意味の西洋のことわざ。金、銀という音の似た言葉を並べ、リズムと面白さを生み出している。

□よい戦争と悪い平和があったためしがない……アメリカ建国の父のひとり、フランクリンの言葉。「よい」「悪い」、「戦争」「平和」という2組の対義語を使った対句で、2世紀を超えて今も引用される名言。

□経営はアートであり、サイエンスではない……「○○であっても、△△ではない」も、対句をつくる基本パターン。見出し語は、企業経営には感性が必要であり、論理と数字だけで成功することはできないという意味。

□それは最大の勝負でもなければ、最後の勝負でもない……「○○でもなければ、△△でもない」と、どちらでもないと並べて、強調することもできる。この場合、○○と△△は似た言葉であると、対句らしさが出る。見出し語では、「最大の勝負」「最後の勝負」と同字・同語反復のテクニックを使っている。

2 「たとえる」技術は、言語化の鍵を握っている

「比喩」は、レトリックのなかでも、最も多用される技術。印象に残る形容を生み出すには不可欠の修辞法である。

比喩表現は、無数にあるようでいて、その〝素材〟となる言葉は、意外に限られている。以下、比喩の〝素材〟として使用頻度の高い言葉を通して、どう組み合わせれば、人をハッとさせる比喩をつくれるのか、その基本ノウハウを紹介していこう。

人や職業にたとえる

□横綱級の……スポーツは比喩のわかりやすい材料になる。見出し語の「横綱級」は、その分野のトップであることを意味し、「横綱級の国宝」などと使われる。「四番打者」「エース」「チャンピオン」は、その分野の一番の実力者。「論壇のハ

ードパンチャー」といった比喩もわかりやすく成立する。

□〇〇の魔術師……鮮やかなテクニックをほめるための比喩。かつて「終盤の魔術師」は将棋の名棋士、「ターフの魔術師」は競馬の名騎手を意味した。なお、似た言葉でも「手品師」というと、人をだますようなニュアンスが生じ、いささか失礼な比喩になる。「マジシャン」のほうがまだいい。

□ハムレットのような心境……有名な小説や戯曲の主人公も、比喩によく使われる。たとえば、「ハムレット」は悩み多く、迷っている人の代名詞。「トム・ソーヤ」は腕白少年、「光源氏」は美男子、「『人間失格』の主人公のような」といえば、ダメ男の代名詞。

□コロンブスのように卵を割ってみせた……歴史上の人物のエピソードも比喩の材料になる。「ワシントンのように、正直に告白した」「カエサルのように、河を渡った」という具合。

□浦島太郎のような心境……昔話や童話は、誰もが知っているので、わかりやすい比喩をつくる題材になる。見出し語は、時代についていけないという意味。「今浦島」（まるで浦島太郎のような状態の人という意）という言葉もあるくらい。

□王様のような風格……人は〝職業的な特徴〟を使ってたとえるのが、イメージを伝えるうえで、手っとり早い方法。たとえば、王侯貴族は、風貌、振る舞いなどが、高貴、上品、上質であることの形容に使われる。「女王のように振る舞う」「貴公子のような風貌」「お姫様のようにちやほやされる」など。

□ロックスターのような教祖……芸能人にたとえる比喩もわかりやすく成立する。「ロックスター」はカリスマ性があることのシンボルで、「ロックスターのような政治家」「ロックスターのように騒がれる」などと使う。ほかに、「演歌歌手のように派手な着物」「新人歌手のような深々としたお辞儀」など。

□**短距離走者のような体つき**……スポーツ選手は、体格や服装の比喩に使うと、イメージが浮かびやすい。「プロレスラーのような巨体」「力士のような白い肌」「体操選手のような筋肉」「競馬のジョッキーのような派手なシャツ」など。

□**暗殺者のような身のこなし**……実際には目にしたことのない〝職業〟でも、映画などの印象から、比喩の材料に使うことができる。暗殺者や忍者を目にした人はまずいないはずだが、「暗殺者のような身のこなし」「忍者のようにすばやい」などといえば、わかりやすくイメージが伝わるはず。

□**今義経**……「人にたとえる」パターンのひとつに、人名を使う修辞法がある。たとえば、「今○○」は歴史上の人物の名を使って、性格や能力を表す定番パターン。「今義経」は戦術の天才、「今弁慶」は怪力の持ち主、「今業平《なりひら》」は在原業平のような美男子、「今太閤」は徒手空拳から大出世を遂げた人という具合。

□**縄文のマスカラス**……むろん、外国人の名も比喩の材料になる。見出し語は、縄文時代の土偶につけられた愛称で、その表情が覆面プロレスラーのミル・マスカラスに似ていることに由来する。「縄文のビーナス」と呼ばれるグラマーな肢体を感じさせる土偶もある。他に、「ピカソのような絵」といえば何が描いてあるかわからない絵、「日本のエジソン」といえば発明王……という具合。

生き物にたとえる

□**猫のような個人主義者**……「動物」も比喩によく使われる材料で、擬人法の反対に「擬動物法」というジャンルがあるといってもいいくらい。まず、「猫」は、その性格から自由、気まま、孤独、狡猾などの代名詞として使われる。また、その動作から「猫のように足音をしのばせる」「猫のように顔を撫でる」などとも使われる。

□**犬のように荒い息を吐く**……犬も、猫に負けず劣らず、いろいろな比喩に登場する。「犬のように」といえば、あえぐ、叫ぶ、わめく、ガツガツ食べる、嗅ぎ分けるなどの形容に使われる。

□野良犬のようにうろつく……また、犬は、そのキャラクター別にもさまざまな比喩に使われ、「負け犬のようにうなだれる」「痩せ犬のような体つき」「猟犬のように追いかける」「番犬のように忠実」などと用いる。

□カメレオンのような……カメレオンが環境に合わせて体色を変えることから、「カメレオンのような」といえば、場面に応じて態度などを変えるさまを表す比喩になる。節操がないというニュアンスを含むので、人に対して使わないように。

□カタツムリのように……カタツムリといえば、スローモー、ゆっくりしていることの代名詞。「よいことはカタツムリのようにゆっくり進む」「カタツムリのような遅々とした歩み」など。

□狼……日本では絶滅して1世紀以上もたつのに、いまだ比喩の世界では元気に生き残っている動物。「一匹狼」「はぐれ狼」「送り狼」「狼の群れ」「狼のような目つき」など、決まり文句にも多数登場する。

□**マンモスのような……**ひじょうに大きいもののたとえで、「マンモスタンカー」「マンモス大学」「マンモス団地」などと使われる。

□**恐竜のように……**これも、マンモスと同様、大きく力の強いものの代名詞として使われる言葉。しかし、マンモス同様、すでに滅んでいるため、「恐竜は滅びたが、カエルは生き延びた」のように、滅びたもの、滅びゆくものの代名詞としても使われる。

□**鼠のように忙しい……**鼠は、体が小さく、ちょこまか動く動物。そこから、忙しさや働くことの形容によく使われる。アリやハチも同様に使われ、「ミツバチのように忙しく働く」「働き蟻のように忙しい」などと用いる。なお、「働きバチのように働く」や「働き蟻のように働く」は、下手な比喩の代名詞。「働く」という言葉が重なるため、言葉として美しさに欠けるし、比喩の効果も弱まる。

□鵺《ぬえ》のような人物……伝説上の鳥も、比喩に使える。「鵺」は、頭は猿、胴は狸、尾は蛇、手足は虎という想像上の怪鳥で、正体不明、怪しげな人物のたとえに使われる。ほかに、鳳凰、不死鳥（フェニックス）、火の鳥なども、比喩の材料になる。

□魚のように無表情……魚にも、多様な特徴があるので、さまざまな比喩に使うことができる。たとえば、「魚が水を意識しないように」「深海魚が水圧を感じないように」といえば、はたから見れば厳しい環境も、本人は意識していないという意味。

□アメーバのように増殖する……アメーバは、分裂して増える生物であり、その特徴から「アメーバのように増える」「アメーバのように成長する」「アメーバのように分裂する」などの比喩に使われている。

植物にたとえる

□**隠花植物《いんかしょくぶつ》のような……**植物も動物同様、そのキャラクターによって「ひまわりのように明るい性格」「バラのように華やか」など、さまざまな比喩に使える。「竹を割ったような性格」「桜のように潔く散る」など、慣用句も数多くある。なお「隠花植物のような」は、暗い性格や日の当たらない場所で過ごすことの形容。

□**小さなキャベツほどの……**「野菜」は誰もが大きさを知っているので、サイズの形容に使える。身近な分、「小さなカボチャくらいの太った子犬」などといえば、ユーモラスなニュアンスを生み出せる。

□**どんぐりほどの涙がこぼれる……**「どんぐり」といえば、「どんぐりの背比べ」に代表されるように、小さくてとるにたらないものの代名詞。ところが、このように〝大きい〟ことを表す比喩に用いることもできる。「どんぐりほどもあるダイヤの原石」など、ごく小さいものの形容に使うのがコツ。

□熱帯の花のようにカラフル……「花のような」といえば、美しさ、あでやかさの代名詞。「熱帯の花のような」と変化をつければ、さらに派手で強烈で、カラフルで、という意味の比喩になる。

□しおれかけた花のように元気がない……花はその〝状態〟も、比喩に使うことができる。「蕾《つぼみ》のような」といえば、成熟していない、一人前になっていない、といった意味。一方、しおれかけた状態は、見出し語や「しぼんだ花のようになだれる」などと使うことができる。

天気・気象・自然にたとえる

□霧が立ち込めている……行く先が見通せない様子の形容として、使われている。「霧」は「雲」や「霞《かすみ》」とともに、先が見通せないときの比喩に使われる。「プロジェクトの前途に霧が立ち込めている」など。「濃霧」「暗霧」が立ち込めれば、先行きはいよいよ暗くなる。

□霧が晴れるような思い……長年の疑問が解ける、方策が見つかるなど、何らかのアイデアに恵まれたときの形容。「雲間から光が差すような」も、同じ状況で使われる。

□霞がかかったように見通しが立たなくなる……これは、「霧」のかわりに「霞」を使ったパターン。先が見通せないときに使う比喩。

□土砂降《どしゃぶ》りのような不景気……経済の景気は、晴れ、曇り、雨などの天候にたとえられる。「薄曇り状態の日本経済」「景気は土砂降りだ」など。なお、景気ではないが、かつて日本経済に力があったときは「集中豪雨型の輸出」とアメリカから批判を浴びたもの。

□**今の経済成長率は、追い風参考記録**……「風」で比喩によく使われるのは、追い風（順風）と向かい風（逆風）。ほかに、台風も「台風の最中に、窓を開け放つように」（愚かなことをするたとえ）や「迷走台風のように」などと使われる。

□**雨粒が大きくなる**……天候や気象、風景の描写は筆力・表現力の見せどころ。雨について描写する場合、「雨が激しくなる」では、いささか芸がない。「雨粒が大きくなる」のほか、「雨脚が速くなる」「雨音が大きくなる」くらいの定番表現は活用したい。

□**降るような星空**……「星がいっぱい出ている」では子供の作文。「降るような星空」「満天の星」くらいの表現は頭に入れておきたい。

□**方向性を指し示してくれる北極星のような存在**……太陽、月、星も、比喩の材料になる。見出しにした「北極星」は、孤高であり、方位を示してくれる指導性のシンボル。「太陽」は物事の中心であり、温かさのシンボル。「月」は陰気さや弱い光のシンボル。ほかに、「土星」はその形が比喩の材料にされる。「土星のような形の帽子」など。

□**風のように速い**……「風」は比喩の材料として、汎用性の高い言葉で、「つむじ風のように速い」「北風のように冷たい」「風のように通り抜ける」など、さまざまな形容に使える。

□**雷のような怒声**……「雷」は、衝撃やひらめきの形容に使われ、「雷に打たれたように気づく」「雷に打たれたように我に返る」などと用いる。また、「雷」は轟《ごう》音《おん》を伴うことから、大きな音の代名詞としても使われ、「雷のようないびき」「雷のように怒鳴る」などと用いることができる。

□**さざ波のように広がる**……「波」も、さまざまな動きの形容に使われ、「波のように繰り返す」「波のように押し寄せる」「波のように消える」などと用いる。

また、「波」の類語を使って、「怒濤のように押し寄せる」「引き潮のように消えていく」「波紋を描く」などと変化をつけることができる。

□砂漠で砂を売るようなもの……見出し語は、愚かな売り方をすると、商品が売れないことを意味するフレーズ。このバリエーションとして、「山奥に自販機を置くようなもの」「コメ作り農家にコメを売るようなもの」など、さまざまに工夫できる。

□海の底のように静か……地形や場所は、雰囲気を表す比喩によく使われる。見出し語は「静けさ」を表しているが、「静けさ」をどうたとえるかは、文章家の腕の見せどころ。「深海のように静か」「洞窟のように静か」「地下道のように静か」「墓地のように静まりかえっている」「廃墟のようにしんとしている」「理科室のように静か」など、多彩な比喩が使われてきた。

□ガラパゴス化……地名を比喩に使うこともできる。「ガラパゴス化」は、ガラパゴス島が生物が独自進化を遂げた場であることから、独自進化（退化）を遂げた日本製品を揶揄していう言葉。その代表格がいわゆる「ガラケー」。

□浮島のように残っている部分……「地形」も比喩によく使われ、慣用句の域に近づいている言葉も少なくない。これもその一例で、大半は（水に沈んで）姿を消しているなか、ぽつんと残る部分があることの形容。他にも「島」は、孤立して存在するという意味でよく使われる。「離れ小島に流される」「島を伝うように」など。

□スキャンダルの海に沈む……「海」も比喩の材料。「嵐の海に乗り出す」「政界という嫉妬の海」などと使われる。

□デジタル化の奔流《ほんりゅう》に溺《おぼ》れかかる……「川」は、時代の流れを表す比喩によく使われる。「歴史は大河の如く、とうとうと流れる」など。

□伏流水《ふくりゅうすい》のように表出する……「伏流水」は地中を流れる川。表立っては目立たないが、人の気づかないところで動きがあるさまの形容に使われる。

□土の匂いがする……「匂い」は、風土の形容に用いられることが多い。「土の匂いがする」は、農村・農業周辺から生み出されたものを形容し、「海の匂いがする」は海辺近くの産物などを形容する。ほかに、「スパイスの香り漂うインド映画」「甘いソースの匂いが漂う大阪の街」など、〝特殊な匂い〟も風土や都市の形容に使われる。

鉱物にたとえる

□石のように無表情……鉱物も意外に、効果的な比喩をつくれる素材。まず、その総称である「石」は、「石のように冷たい表情」「石のように沈黙する」「石のように無知」など、さまざまな意味の比喩に使われる。また、「石像のように動かない」「石畳のように冷たい」のように、〝石関係〟の複合語を使って、表現に変化をつけることもできる。

□**岩のような信念**……「岩」は、「石」と同様の使われ方をするほか、大きい、ごつごつしている、頑丈であることの形容に使われる。「岩のような大男」「岩みたいな体つき」「筋肉が岩のように盛り上がる」「岩のように押し黙っている」など。

□**化石のような制度**……「化石」は、過去の遺物、時代遅れで古くさいこと、役に立たないことの代名詞。「化石のような法令」「化石のような商品」など。一方、「化石のように身じろぎもしない」など、石や岩と同様の比喩にも使うと、効果的な場合もある。

人形にたとえる

□**蝋人形のように動かない**……ここからは、動物や植物のような大ジャンルではないが、比喩の世界では、意外にメジャーな言葉を紹介していこう。まずは「人形」。人形は人間に似ているため、人の動作やしぐさの比喩によく使われる。「人形のように押し黙っている」や「首振り人形のようにうなずく」など。

□マリオネットのように崩れ落ちる……人形は、その種類別の特徴に応じても、多様な比喩に使える。たとえば、「操り人形」は、「操り人形のように崩れる」「操り人形のように踊らされる」「操り人形みたいに、ぐにゃりと座り込む」など。「マリオネット」と言い換えても、同様の比喩が成立する。

□マネキン人形のように無表情……一方、「マネキン人形」といえば、無表情の形容によく使われる。ほか、「博多人形のように細い目」「フランス人形のようなひらひらした服」「腹話術の人形のような声」など、人形の姿を思い浮かべれば、いろいろな比喩を思いつくはず。

□彫像のように立ちはだかる……「彫像」は、人形よりも重々しく、迫力ある存在なので、「彫像のように立派な顔」「彫像のような体格」など、おおむね大きく、立派であることの形容に使われる。

□**能面のような笑い**……「能面」も、その形や表情が、よく比喩の素材に使われる。定番句の「能面のように無表情」のほか、「女面のような微笑」や「翁《おきな》の面のようなしわだらけの顔」など。

神や仏にたとえる

□**仏のような微笑**……神、仏、天使、悪魔、鬼なども、比喩の世界では意外に使用頻度が高い語。「仏のような」は、やさしさや慈愛の形容句。仏像がアルカイック・スマイルをたたえていることから、微笑の比喩にもよく使われる。一方、仏法を守る守護神たち、阿修羅、不動明王、仁王は、怖い顔の代名詞。

□**天使のような**……「天使」は清らかさ、純真さのシンボルで、「白衣の天使」は看護師の代名詞。一方、「堕天使」（神に反逆し、悪魔化した天使）を使い、「堕天使のような人生」などと変化をつけることもできる。

□**悪魔のような知恵……**「悪魔」は悪の象徴であり、「悪魔の誘い」「悪魔のような下品な笑み」「悪魔に乗り移られたよう」などと使う。一方、「悪魔のような技巧」「悪魔のような知恵」など、人智を超えたというポジティブな意味にもなる。

□**悪鬼のような表情……**「悪鬼」は、人に祟りをもたらす鬼のことで、悪や醜さなど、ネガティブなことの形容に使われる。「悪鬼のようなうめき声」「悪鬼のような仕業」など。

武器・軍事にたとえる

□**砲弾を撃ち込まれたかのような衝撃……**武器名や軍事用語も、比喩の世界では使用頻度の高い言葉。「砲弾」を使った見出し語は、大きなショックを受けるという意。「銃弾」も、速いことのほか、衝撃を受けることの比喩に使われる。

□**片方の手に剣を残している**……このフレーズは、握手していても、もう一方の手には剣を握りしめているという意で、一見友好的だが油断はしていないという意味になる。また、「聞きかじった話を鎧《よろい》とする」といえば、今聞いたばかりの話を論拠にするという意。「パーティに銃を持ち込むようなもの」は、場違いで不穏な言動をすることなどの形容。

□**不発弾のような感情**……銃弾、砲弾は、種類別にも、いろいろな比喩に使われる。「不発弾」は爆発しなかったことから、見出し語や「不発弾のような作品」（ヒットしなかったという意）などと使える。

□**ナイフのように鋭い表現**……「ナイフ」や「刃物」は、鋭い、よく切れる、身にこたえるものの形容に使われ、「刃物のような冬」「ナイフのような北風」などと用いる。なお、「よく切れるナイフを持った子供のような」といえば、精神発達が未熟な者が権力や知識を持つと、きわめて危険な存在になるというたとえ。

□**機関銃のようにしゃべる……**「機関銃」は、すばやく繰り出されることの比喩によく使われる。「機関銃のような早口」「機関銃の撃ち合いのような言葉の応酬」など、言葉、音声関係で使うことが多い。

□**戦艦対空母のような戦い……**このフレーズでは、戦艦は古臭いもの、空母は新しいもののシンボルとして使われている。つまり、新旧の戦いという意味になり、もとからある古いもの（戦艦）と新しいもの（空母）が戦えば、新しいものが圧勝するという意味。

□**竹槍戦術……**作戦・戦術名も比喩の素材になる。見出し語は、近代的な兵器に対し、竹槍で立ち向かうような戦術のことで、そこから無力でばかげた考え方に対して、批判的に使われる言葉。ほかに、「特攻作戦」「奇襲戦法」「強襲」などの作戦・戦術名が、とりわけビジネス関係でよく使われている。

□**デパート商戦・夏の陣**……歴史的な戦いの名も、比喩の材料になる。夏の陣といえば、歴史的には大坂夏の陣のことだが、今は夏のボーナス商戦やお中元セールなどの比喩に使われている。ほかに、「関ヶ原」や「川中島」は大決戦、「桶狭間」や「鵯越え」は奇襲攻撃の比喩としてよく使われる。

モノにたとえる

□**機械のように正確**……モノは、その用途、サイズ、見た目などに応じて、最も多様な比喩に使われているジャンル。まず、「機械」は、「正確な動き」と「ぎこちない動き」双方の比喩に使われている。「精密機械のような動き」といえば正確という意味。ちなみに、「初代ターミネーターのような」といえば「ぎこちない動き」と続くことになる。

□**風船のように軽く扱われる**……「風船」は、軽いもの、軽々しく扱われるものの代名詞。また、羽毛（羽）も軽いものの代名詞で、「人命を羽毛のように軽々しく扱う」などと使われる。

□**すごろくの上がりのような**……ゲームも比喩の材料によく使われる。見出し語は「すごろくの上がりのようなポスト」などと用いられる。ほかに、「ポーカーのような駆け引き」「丁半勝負に出る」など。

□**去年のカレンダーのように役に立たない**……これも、謎かけパターンの比喩で、その意味は、時期が過ぎたものには価値がないという意味になる。ほかに、「古新聞のように無意味」や「12月26日のクリスマスケーキのように見向きもされない」なども同種の比喩。

□**壊れたギターのような声**……「壊れた○○のような」は、多様な比喩に使われる定番パターン。「壊れたラジオのように沈黙する」や「壊れた扇風機のように（借金で）首が回らない」など。

□陶器のように冷たい……「陶器」は、硬い、動かない、冷たいなどの形容に使われる。「陶器のように体を硬くしている」「陶器のような硬い表情」など。一方、「磁器」は白さの形容に使われることが多く、「磁器のように白い肌」などと用いる。なお、これを「白磁のように白い」というと、「白」が重なって下手な比喩になる。

□景気に豆電球ほどの明かりが灯る……「豆電球」は、小さな明るさの象徴。見出し語は、景気が底入れし、わずかながら好転したという意味。

形や質感をモノにたとえる

□弓のような日本列島……「弓のような」といえば、ゆるやかなカーブを描く形の代名詞。そこから、日本列島の形の〝専用形容詞〟のように使われ、「弓のような日本列島をしめつける等圧線」などと用いる。ほかに、「弓のようにしなやか」という形容にも使われる。

□三日月のように曲がっている……「月」は、見た目の形を変えることから、さまざまな形の形容に使われる。「三日月のように」といえば、細い、とがっている、曲がっているの形容。ほか、「満月のような顔」「スイカを半月に切る」など。

□物干し竿のように痩せている……細長いもののたとえによく使われるのは、「物干し竿」「電柱」「煙突」「鉛筆」「釘」あたり。「電柱のように背が高い」「HBの鉛筆のようにスマート」など。

動きをモノにたとえる

□スイッチが入ったように……見出し語は、動き出すことの形容。「スイッチが入ったように組織が動き出す」など。逆に、「スイッチが切れたみたいに」は止まることの形容に使われ、「スイッチが切れたみたいに、足が止まる」などと用いる。

□置物のように身じろぎもしない……モノは、動きの形容に使われる一方、動かないことの形容にも用いられる。「置物のように」といえば、動かないことの形容で、「置物のように、じっとしている」「置物のように身を固めている」などと使う。

□ダンプカーのような勢い……重機は、その特徴に応じた比喩に使われる。「ダンプカー」は大型で速度が出ることから、「ダンプカーのように突進する」などと用いる。一方、「ブルドーザー」は力強さのシンボルで、「コンピュータ付きブルドーザー」といえば、かつての田中角栄元首相の異名。

□尺玉が弾けたような騒ぎ……「花火」は、広がる、弾ける、美しいなど、さまざまな形容に使われる言葉で、見出し語は「大騒ぎが巻き起こる」という意味。一方、花火は「すぐに消える」ことの形容にも使われ、「線香花火のようなスター」といえば、いったんは人気が出たものの、すぐに表舞台から消えてしまったスターという意味。

体にたとえる

□心臓が鼓動を打つような……「体」を使った比喩には定番化したものも多く、見出し語は、規則正しくリズムを刻むという意味。また、「心音すら聞こえてきそうだ」といえば、それくらい静かという意味の定番句。

□胃液が逆流するような感じ……これも、なかば慣用句化している比喩。苦い胃液を味わうような、苦しい思い、不愉快な思いをするという意味。

□言葉と現実が肉離れする……これは、「肉離れ」をその字面から「遊離する」という意味で使った比喩。「精神と実在が肉離れする」などとも使える。

□拳のような顔……「拳」は、硬いものや小さくまとまったものの比喩に使われる。

「拳のような表情」など。一方、成句では、「拳」は決意や意欲を表し、「拳を握りしめる」「拳を振り上げる」などと使われる。

□社会が壊死しはじめる……「壊死」は、体の組織や細胞が部分的に死ぬこと。そこから、部分的な支障が全体に広がっていくさまの形容に使われる。「壊死状態の日本経済」「組織が壊死する」などは、バブル崩壊以降、よく使われてきた比喩。

□首から下で考える……頭だけで理詰めに考えるのではなく、体験や経験を通して考えるという意味。「体で考える」も、同様の意味の比喩表現。なお、「臍《へそ》の下」は下半身を意味し、性的なニュアンスを含む。

□体から血を奪われていくような感じ……「血」も比喩表現によく使われ、「冷血動物」「じょじょに血を抜き取られるように」などは、よく見かける表現。「ブルー・ブラッド」といえば、高貴な血統を意味し、ハプスブルク家など名門貴族の血脈の代名詞。

□**胃の丈夫な……**清濁併せ呑み、何でも消化してしまうような、懐の深い人柄や組織の形容に使われる。「胃が丈夫だった頃の自民党」など。ほかに〝消化器系〟では、「咀嚼《そしゃく》力がある」「消化力がある」（ともに、物事を理解する力や対処する力があるという意）などがよく使われる。

□**ガラスのハート……**心臓を意味する「ハート」は、さまざまな性格を表すときに用いられる。「ガラスのハート」は臆病な性格、「チキンハート」も同様の意味。一方、「ライオンハート」は勇猛な性格であること。

□**心臓に剛毛が生えているような性格……**「心臓に毛が生えている」は手垢がついた表現なので、見出しのフレーズは、「剛毛」という語を使って、新鮮味を出そうとした表現。このように、体関係の慣用句は、少しずらしたり、過剰にすることで新鮮味を生み出せる。たとえば「目からうろこが落ちる」を「目からうろこが何枚も落ちる」とするように。

□**人のエネルギーにも半減期がある**……物理・化学用語も比喩に使える。「半減期」は前述したように、放射線の強さが半分になるまでの時間。ほかにも、たとえば、「周波数」は人のキャラクターの形容に使われ、「人をひきつける周波数を備えている」「周波数が違う」などと用いる。ほかに、「リトマス試験紙」（物事を試すことの形容）や「重力圏」（その人の力の及ぶ範囲などの比喩）も、よく使われる。

スポーツにたとえる

□**横綱と序の口ほどの違い**……相撲の番付を使うと、いろいろな比喩をつくることができる。見出し語は、段違いという意味。その一方、「横綱と大関ほどの違い」や「三役と前頭三枚目ほどの違い」など、小さな差でありながら、じつはそこには大きな違いがあるという意味の比喩をつくることもできる。また、「序二段と序の口ほどの違い」といえば、低レベルで、ほとんど差がないという意味になる。

□**ノーガードの殴り合い**……ボクシング用語も、比喩によく使われる。見出し語は、防御することなく、攻撃し合うという意味で、「ノーガードの殴り合いのような国会論戦」などと使う。ほかに、「ジャブを繰り出す」は、攻撃しはじめるさま。「ラッキーパンチが入る」は、望外の幸運にめぐまれるという意味。

□**ラビットパンチのような攻撃**……ラビットパンチは、ボクシングで、相手の後頭部を殴ることで、反則の代名詞。「それは、ラビットパンチでしょう」など。もとは、ウサギを殺す際に、首の後ろを強打したことに由来する言葉。

□**キラーパス的なユーモア**……「キラーパス」は、サッカーでゴールにつながるような鋭いパス。見出し語は、そのパスのように切れ味鋭いユーモアという意味。また、単に「パスを出す」といえば、アシストする、話題を振るというような意味になる。

□辛いときこそ、フルスイング……むろん、野球用語も多様な比喩に使える。見出し語は、苦しいときこそ、力一杯戦えという意味。同様の意味のことは、「逆境こそ、バットを長く持て」とも表せる。

芸術にたとえる

□ワルツを踊るような……「踊り」は、体の動きの形容によく使われる。「ワルツを踊るような」といえば、優雅な振る舞い・動きの形容。「サンバ」「タンゴ」「阿波踊り」は、激しい動きの比喩に使われる。また、「カチャーシーのように手をかざす」など、特徴的な体の動きの形容に使うこともできる。

□第二バイオリンのように……「音」は文章では具体的に表現しにくいため、よく知られた楽器の音色や歌手の声が形容に使われる。「トランペットの音色のような悲鳴」「ボーイソプラノのように澄んだ声」など。ほかに、音色を離れて比喩的にも用いられ、「戦闘ラッパが鳴り渡る」は戦いが始まることを表す。見出し語の「第二バイオリン」は、有力者（第一バイオリン）に従うように意見を言うことの形容に用いられている。

□昔の歌を歌いながら沈んでいく……「歌」もしばしば比喩の題材になる。「演歌が似合う」「サンバのリズムのような文体」「ファドが流れてきそうな沈んだ雰囲気」のように、その楽曲の特徴を利用した表現も工夫できる。見出し語は「昔を懐かしむばかりで、前向きの努力をせずに衰退していくさま」の形容。

□いつも同じ歌を歌っている……見出し語は、時代や状況が変化しているのに、十年一日のように同じ主張を繰り返しているという意味。「いつも同じ歌を歌っている○○新聞」など、ネガティブな批評で使われる比喩。

□通奏低音のような……「通奏低音」は、評論文などでよく見かける言葉。比喩としての意味は、全体を貫く基調。「通奏低音のように全体を貫く主張」など。

□浪花節……「浪花節」は、義理人情を主題とすることが多いため、比喩的には、義理人情を大切にする古風な考え方という意味で使われる。「人間、義理と人情と浪花節ですよ」など。

□思想がメトロノームのように揺れる……メトロノームは、針が左右に動き続ける機械。そこから、「左右に揺れ続ける」といった意味の比喩の材料になる。見出し語は、「思想が〝左右〟に揺れる」という意味。

「言葉」を上手に形容する方法

□言葉に体温がこもる……言葉が実体験や実感に裏打ちされているという意味の比喩。単に「言葉に実感がこもっている」よりは、工夫された表現といえる。

□**長調で話す……**音楽の「長調」は、明るく陽気であるさまの代名詞。一方、「短調」は暗く陰にこもっているさまの代名詞。ともに、言葉以外の形容にも使うことができる。「音楽でいえば長調のような性格」「短調に編曲されたような物悲しさ」など。

□**強い磁力を放つ文体……**「磁力」は〝不思議な力〟の代名詞。人をひきつける力の形容に使われることが多い。見出しにした語は、単に「魅力ある文体」というより、〝磁力を放つ表現〟といえる。

□**主語は人間のはずである……**これは、文章の締めあたりで使えるパターン。「主語は有権者のはずである」「主語は消費者のはずである」「主語は世界のはずである」など。

□**呪文のようなつぶやき……**「呪文」は、意味不明の言葉の代名詞。ほかに、「暗号のような」「念仏のような」「うわ言のような」「耳慣れない外国語のような」

も、同様に使える言葉。

□起訴状を読むような口調……単調な口調という意味。ほかに、「生命保険の約款でも読み上げるような」「法案を読み上げるような」など、無味乾燥な文章を使うと、同じような比喩をつくることができる。

□子供の落書きのような感想……「子供の落書きのような絵」というのは、手垢がつきすぎて、いささか陳腐な表現。それを少しずらして使うと、面白い比喩になる。

色にたとえる

□白と黒……「白と黒」の組み合わせは、正と邪、プラスとマイナスなどを象徴する。いろいろと表現を工夫できる素材で、「あの国に白はない、黒かグレーだ」などと使う。

□消費者にとって、グレーは黒だ……「黒」は、単独では、悪、闇、陰、暗い、ネガティブ、陰湿などの代名詞。この意味の「黒」は、週刊誌の見出しで、「黒い履歴書」「黒い噂」「黒い癒着」などと、毎週のように使われている。見出し語は、疑いをかけられた商品は、もはや消費者に見向きもされなくなるという意味。

□赤い貴族……「赤」は、共産主義・社会主義を象徴する色。「赤い貴族」は、社会主義国のエリート層や労働組合の幹部など、特権的な生活を送る人々のこと。

「感情」「気持ち」を上手に形容する方法

□空気が抜けるように、やる気を失う……「空気が抜ける」は、タイヤなどの空気が抜けると張りが失われるところから、勢いを失うさまの形容に使われる。心情の形容では、モチベーションが下がる様子を表すのによく使われる。

□**幽霊《ゆうれい》を見るような……**「～を見るような」は、驚きや恐怖の感情を表すときによく使われるパターン。「白昼に幽霊を見たように驚く」など。

□**氷《こおり》で頬《ほお》を撫《な》でられるような……**ぞっとする様子の比喩表現。「ナイフで頬を撫でられるような」も、同様の意味の表現。

□**涙腺《るいせん》が決壊《けっかい》する……**「涙が溢れる」という語を大げさにした表現。涙腺をダムに見立て、「決壊」という言葉で強調表現にしている。

□**悔しさをガソリンにする……**「ガソリン」「燃料」「エネルギー源」は、モチベーションを維持する源という意味で、よく使われる。「嫉妬をエネルギー源にして努力する」など。

□**秒針の動きが、分針にも時針にも思える……**時間を長く感じる気持ちを形容するフレーズ。「時計の歩みを遅く感じる」や「時計の針がなかなか進まない」

も同義の表現だが、どちらも手垢がかなりついてきている。

人でないものを「人」にたとえる……擬人法

□**森が目覚めるときが来た……**見出し語は、森を擬人化し、「春が来た」という意味を表している。森、山、海などの自然を擬人化すると、表現を工夫しているように見えることが多い。俳句の季語では「山笑う」「山粧《よそお》う」「山眠る」など。

□**波の音がストレスを運んでいってくれる……**これは、波（海）を擬人化したパターン。「波の音を聞くうちに、ストレスが消えた」とストレートに書くよりは、多少は文章がうまく見える。

□**ゆく秋の背中を見送る……**秋という季節に「背中」があるように擬人化した語。単に「秋が終わろうとしている」よりは、表現力があると思われるだろう。

□**農民たちの汗を吸った大地である……**〝土地関係〟も、よく擬人化の対象になる。「血を吸い込んだ戦場」「汗のしみ込んだグラウンド」など。

まわりの「環境」を上手に形容する方法

□**聞こえてくるのは自分の足音だけ……**静かであることを形容する常套句。紀行文などで、山中を歩くときの形容によく使われている。

□**心音《しんおん》すら聞こえてきそうだ……**これも前項と似た表現で、自分や相手の心臓の鼓動音が聞こえてきそうなほどに、静かであるという意味。あるいは、それくらいに心臓が激しく鳴っているような興奮状態にあるという意味でも使える。

□**吸い込まれそうなほどに暗い……**明かりがまったくない真っ暗闇を表す表現。陳腐化しかかってはいるが、実感的なので、まだしばらくは使えそう。

□空中戦のような議論が続く……「戦法・戦術」で比喩によく使われるのは、空中戦、地上戦、持久戦、塹壕戦あたり。たとえば、選挙用語では、テレビを利用したり、ビラをまいたりする不特定多数への働きかけを「空中戦」、特定有権者に働きかける手法を「地上戦」と形容する。

□○○の時計は午後5時を指している……時間帯も比喩の材料になる。見出し語は「黄昏を迎えている」（終わりが近づいている）という意味。

□沈まない船はない……「船」は、企業などの組織の代名詞によく使われる。「沈まない船はないし、潰れない会社はない」「右に傾いて沈没しかねない船（政権が右傾化し、倒れかねないという意味）」など。なお、かつては「○○丸」（○○には社長など、トップの個人名が入る）が特定組織を表す語として、雑誌などでよく使われていたが、手垢がつきすぎて今は廃れている。

<す>

<き>

<く>

本書は、『そのひと言がハッとさせるとっさの語彙力』（青春出版社／２０１９）、『大人の語彙力を面白いように使いこなす本』（同／２０１８）、『大人の語彙力が面白いほど身につく本　ＬＥＶＥＬ２』（同／２０１７）、『大人の語彙力が面白いほど身につく本』（同／２０１７）に新たな情報を加え、改題の上、再編集したものです。

青春文庫

ぴったりの言葉《ことば》が一瞬《いっしゅん》で見《み》つかる 「言語《げんご》化《か》」の便利《べんり》帳《ちょう》

2025年3月20日　第1刷

編　　者　話題《わだい》の達人《たつじん》倶楽部《くらぶ》
発 行 者　小 澤 源 太 郎
責任編集　株式会社プライム涌光
発 行 所　株式会社青 春 出 版 社

〒162-0056　東京都新宿区若松町 12-1
電話 03-3203-2850（編集部）
　　 03-3207-1916（営業部）
振替番号　00190-7-98602

印刷／中央精版印刷
製本／フォーネット社
ISBN 978-4-413-29871-1

ほんとうのあなたに出逢う　青春文庫

地理がわかるとニュースの解像度があがる

すべては、その「場所」に理由があった！ 中国が南沙諸島にこだわる地政学的狙いほか…領土、国境、貿易、ビジネスの本質がわかる

ワールド・リサーチ・ネット［編］

（SE-867）

「ねこ背」を治す1日1分ストレッチ！

5つのタイプ別・コリと痛みがスーッと消える本

「ねこ背、本当は怖い」肩こりや腰痛が治らないのは、自分の「治癒力」が追い付いていないから

碓田琢磨

（SE-868）

頭のいい人が人前でやらないこと

忙しい自慢をしてしまう、自分の正義を押し付ける、拡大解釈をして的外れなことを言う……そのふるまい、考え方はバカに見えます！

樋口裕一

（SE-869）

情報に踊らされてる!?政治と経済の真実を見極める力

この基礎知識だけで、自然と頭が鋭くなる！日銀短観って何？ 国会の「理事会」で何を話しあう？ ほか…大人のための超入門

知的生活追跡班［編］

（SE-870）